Deister
Der 48-Stunden-Tag

SCHULMANAGEMENT konkret
BAND 4

Winfried Deister
**Der 48-Stunden-Tag**
Zeitmanagement
für Schulleitungen

LUCHTERHAND

**Bibliografische Information Der Deutschen Bibliothek**
Die Deutsche Bibliothek verzeichnet diese Publikation in der Deutschen
Nationalbibliografie; detaill ierte bibliografische Daten sind im Internet
über **http://dnb.ddb.de** abrufbar.

www.luchterhand-fachverlag.de

Alle Rechte vorbehalten.
© 2005 Wolters Kluwer Deutschland GmbH, München.
Luchterhand – eine Marke von Wolters Kluwer Deutschland.
Das Werk einschließlich aller seiner Teile ist urheberrechtlich geschützt.
Jede Verwertung außerhalb der engen Grenzen des Urheberrechts-
gesetzes ist ohne Zustimmung des Verlages unzulässig und strafbar.
Das gilt insbesondere für Vervielfältigungen, Übersetzungen,
Mikroverfilmungen und die Einspeicherung und Verarbeitung in
elektronischen Systemen.
Umschlag: futurweiss kommunikationen, Wiesbaden
Satz: RPS Satzstudio GmbH, Düsseldorf
Druck und Verarbeitung: Wilhelm & Adam, Heusenstamm
Printed in Germany, Dezember 2004
♾ Gedruckt auf säurefreiem, alterungsbeständigem
 und chlorfreiem Papier.

# Inhalt

| | |
|---|---:|
| **Zum Start** | 7 |
| Das Thema: Sich selbst und den Umgang mit der Zeit managen | 7 |
| Die Zielsetzung des Buches | 9 |
| Die Adressaten des Buches | 11 |
| Der Aufbau des Buches | 14 |
| Die Quicktour: Falls Sie es eilig haben | 15 |
| | |
| **1. Zeit- und Selbstmanagement im Regelkreis – sechs Aktivitäten im Zusammenhang** | 16 |
| | |
| **2. In Zielen denken – wenn ich das Ziel nicht kenne, werde ich auch den Weg nicht finden** | 19 |
| Ziele formulieren und visualisieren | 22 |
| Start-Ziel-Wege reflektieren | 26 |
| Ziel-Mittel-Analysen berücksichtigen | 28 |
| | |
| **3. Aktivitäten planen – je weniger Zeit ich habe, desto mehr muss ich mich organisieren** | 31 |
| Die ALPEN-Methode | 34 |
| Das Pareto-Prinzip | 39 |
| | |
| **4. Entscheidungen treffen – wenn ich nicht will, dass andere über mich verfügen** | 41 |
| Die Covey-Quadranten | 43 |
| Das Eisenhower-Prinzip | 47 |
| | |
| **5. Realisierung der anstehenden Aufgaben – meine Tätigkeiten und Arbeitsabläufe organisieren** | 55 |
| Die Sache mit der Befindlichkeit | 56 |
| Effizienzbremsen lösen | 58 |
| 1. Schreibtisch und Ablageorganisation optimieren | 58 |
| 2. Aufschieberitis heilen | 63 |
| 3. Telefonterror befrieden | 65 |
| 4. Besucherströme lenken | 68 |
| 5. Gedankenblockaden und innere Leere überwinden | 72 |
| 6. Leistungskurven nutzen | 77 |

## Inhalt

6. Konferenzen und Co. – meine Rolle als Wächter
 über die Zeitkontingente meiner Schule — 81

7. Kontrolle meiner Ergebnisse – die persönliche Bilanz
 im Umgang mit meinen individuellen Problemen — 90

8. Materialien zur Selbsterforschung und Unterstützung –
 Veränderungsinitiativen auf die Sprünge helfen — 99

Literatur — 104

### Bedeutung der Symbole

- **❗ Achtung**
- **⭐ Beispiel**
- **👁 Stolperstein, Vorsicht**
- **= Zusammenfassung**
- **» Weiterführendes**
- **⊘ Checklisten, Selbsttests, Übungen**

### Quicktour

In den betreffenden Kapiteln sind die Abschnitte
in der linken bzw. rechten oberen Ecke markiert.

# Zum Start

- Worum geht es?
- Was sind die Ziele des Zeit- und Selbstmanagements für Führungskräfte in Schulen?
- Für wen ist das Buch gedacht?
- Wie ist das Buch aufgebaut?

## Das Thema:
### Sich selbst und den Umgang mit der Zeit managen

Das Thema *Zeit* sorgt seit Erfindung der Uhr für große Aufregung – seit geraumer Zeit steht der Faktor *Zeit* und unser Umgang mit ihr an erster Stelle der Stress-Verursacher:

»Mein Tag ist so vollgepackt – ich finde kaum Zeit mal Luft zu holen.« »Wenn ich an meine Termine für die nächste Woche denke, dann müsste der Tag 48 Stunden haben um das alles zu schaffen.« »Meine Zeit ist so eng, dass ich nicht mal zwei Minuten Zeit hätte darüber nachzudenken, wie ich das alles noch sinnvoll organisieren könnte.« »Ich habe so viel zu tun, dass ich mir nicht einmal aufschreiben kann, was ich alles erledigen muss.« Die Liste ähnlicher Aussagen von Schulleiterinnen und Schulleitern bei Seminaren zur Personalentwicklung lässt sich fraglos fortsetzen und macht den Dysstress deutlich, der schon durch ein Gespräch über das Phänomen *Zeit* ausgelöst werden kann. Und es werden seufzend Sehnsüchte geäußert: »Wenn ich nur mehr Zeit hätte ...« Dabei ist *Zeit* ein demokratisches Gut, das allen in gleichem Maße zur Verfügung steht. Und es ist der individuelle Umgang mit diesem offensichtlich so kostbaren Gut, der zu Zufriedenheit mit sich selbst und seiner Umgebung bzw. Verzweiflung oder Resignation führen kann.

Das Berufsbild von Schulleiterinnen und Schulleitern ist eindeutig auf Überforderung angelegt und die Aufgabenbeschreibung des Leitens, Erziehens, Beurteilens, Beratens und Innovierens füllt lediglich die Spitze des Eisbergs. In der täglichen Berufspraxis zeigt sich, dass wir im Kontext vornehmlich sozialer Beziehungsarbeit gefangen sind in einer diffusen Diversifikation von Ansprüchen, Forderungen und selbstverordneten Tätigkeiten, die oftmals den Blick für klare Strukturen und Übersicht vernebeln. Die psychomentale Beanspruchung steigt zudem, weil viele dieser Tätigkeiten unter direkter Beobachtung beschwerdewilliger Eltern, erzieherische Kompetenz und Konsequenz fordernder Schüler und Schülerinnen und kontrollierender Administration ausgeführt werden. Unsere häufig zu negative Selbsteinschätzung wird unterstützt durch fehlende Anerkennung durch andere mangels greifbarer Erfolge, mit denen wir uns legitimieren können und dem unangenehmen Gefühl, mit der Arbeit nie richtig fertig zu sein. Für Leitungskräfte in Schulen mit übergeordneten Aufgaben des Organisierens, Entscheidens, Verwaltens, Führens und Repräsentierens in der verordneten Verantwortung für ihre Schule steigt die Rollenvielfalt. Und mit der Entwicklung des Schulsystems steigen die Anforderungen an Schulleitungen, ihre Organisation so zu führen, dass sie den Qualitätsanforderungen ihrer Schulöffentlichkeit entspricht.

Es ist wahr, dass über die Belastung von Leitungskräften in Schulen weithin Unkenntnis herrscht. Aber es lassen sich auch die Vorwürfe nicht so leicht widerlegen, dass Schulen keine Musterbeispiele von Effizienz sind. Schulen gelten von ihrer Struktur her als professionelle Organisationen. Ihren Mitgliedern wird aber ein Mangel an Anpassungsfähigkeit an sich wandelnde soziale und administrative Bedingungen zugeschrieben und diese Kritik bezieht sich auf Administrations-, Sozial- und Selbstmanagement.

Die wachsende Nachfrage nach Trainingskursen zur Entwicklung professioneller Leitungskompetenzen zeigt, dass Schulleitungskräfte die an sie gestellten Forderungen als Impuls aufnehmen und bereit sind, *Zeit* – eines unserer sehr kostbaren Güter – zu investieren, um ihre Fähigkeiten und Fertigkeiten weiter zu entwickeln.

Ein weiteres Phänomen, das ich beobachte, ist der wachsende sachliche Umgang in Pädagogenkreisen mit Begriffen, die in Wirtschaftsunternehmen Gang und Gäbe sind wie: Management, Kosten-Nutzen-Rechnung, Budgetierung, Sponsoring, Marketing, Effizienz etc. Wurden sie noch in der näheren Vergangenheit mit der Killerphrase »Wir sind doch hier nicht in einer Fabrik!« abgewertet, so hat sich offensichtlich die Erkenntnis durchgesetzt, dass Schule und Wirtschaftsunternehmen viel Gemeinsames verbindet und eine gemeinsame Terminologie und das Aufgeben Distanz wahrender Abgrenzung nutzbringend ist in der Entwicklung moderner Schulleitungskulturen.

Durch die Wahl des Untertitels **Zeit- und Selbstmanagement für Schulleitungen** möchte ich eine Verbindung schaffen zwischen dem Begriff des *Zeitmanagements*, der eher die Nähe zu rigidem Verwalten und Kontrolle ausdrückt und dem des *Selbstmanagements*, bei dem Konstrukte wie aktives Gestalten und kreatives Handeln mitwirken. So verstehe ich Zeitmanagement als unverzichtbaren Teil des Selbstmanagements, der es mir ganz pragmatisch ermöglicht, meine Fähigkeiten aktiv zur Gestaltung meines Lebens einzusetzen. Während sich das Selbstmanagement damit befasst, Licht in das Dunkel der Vielzahl meiner Rollen und Teilrollen in den verschiedenen Lebensbezügen zu unterschiedlichen Personen, Hierarchien und Institutionen mit einer Vielzahl damit verknüpften Rechten, Zielen, Verantwortungen, Verpflichtungen und Einflussnahmen zu bringen und die Dimensionen des Zeitverlaufs zwischen Vergangenheit, Jetzt und Zukunft und meiner Zeitwahrnehmung zu klären, stellt mir das Zeitmanagement Instrumente und Werkzeuge zur Verfügung, Rollen-, Ziel- und Handlungsentscheidungen proaktiv zu erarbeiten, reflexiv über Zeithorizont und Zeitverwendung zu entscheiden und die Frage meines Handelns oder Nichthandelns im Kontext der Situationen meiner verfügbaren Zeit zu beantworten. (Heinz Hütter, 2002)

Freude an der Arbeit bildet die Voraussetzung für befriedigende oder gar hervorragende Leistungen. Der Umgang mit der *Zeit* spielt dabei eine wichtige Rolle; denn wer unter Zeitdruck leidet, ständig unter Druck arbeitet und sich aufreibt, der reagiert nur anstatt selbst Regisseur des Geschehens zu sein: »Da er den Erfordernissen des Augenblicks ausgeliefert ist, fehlt es ihm an dem nötigen Abstand, um in Ruhe zu disponieren. Mangelnde Vorausschau führt zu Ungewissheit und innerer Unsicherheit, zu unrationeller Zeiteinteilung, zu Gehetztheit und Leerlauf und Ärger.« (Schaefer, 1985)

So habe ich hier *Zeit- und Selbstmanagement* miteinander verknüpft weil ich der Ansicht bin, dass eine rigide Trennung unangemessen ist. Ebenso ist es in unserem beruflichen Kontext mit nur bedingt geschlossenen Arbeitszeiten und offenen Übergängen zwischen Dienst und Privatleben, schulischem und häuslichem Arbeitsplatz auch nicht möglich, das eine vom anderen strikt zu trennen, weil dies auch einer ganzheitlichen Betrachtungsweise entgegen stünde.

## Die Zielsetzung des Buches

Obgleich durch Lebenszeitverlängerung, Rationalisierung, Einsatz elektronischer Datenverarbeitung usw. eigentlich die freie, verfügbare Zeit in der Summe zugenommen haben muss, so hat sich in unserer Wahrnehmung der Faktor *Zeit* verdichtet. Für die Mehrzahl pädagogischer Führungskräfte gilt vornehmlich das Gefühl, nicht genug Zeit zu haben und wie der Hamster im Laufrad zu rennen, aber nirgendwo anzukommen.

Im alltäglichen Sprachgebrauch taucht *Zeit* eher in problematischen Kontexten auf wie z. B. Zeit totschlagen, Zeitnot, Zeit verschwenden, Zeitdruck, Zeit schinden und Ähnliches. Neutrale Begrifflichkeiten wie Zeit aufwenden, Zeit verbringen, mit der Zeit gehen oder Zeit einsetzen, die eine sachliche Atmosphäre schaffen, treten demgegenüber zurück. – Diese selbst verordnete mentale Eingrenzung hat meines Erachtens ihre Wurzeln darin, dass die in Schule Beschäftigten immer noch unter dem Eindruck der Schulglocke des **»Zeitexpress Schule«** handeln mit minutiös festgelegten Pausen für alle, zeitrational geprägten Unterrichtsstunden und Inhaltspensen, die in einem bestimmten Zeitraum durchzunehmen sind. Immer scheint es darum zu gehen, Ablenkung, Leerlauf, Langeweile und Störungen zu vermeiden. Persönliche Lebens- und Lernrhythmen und der nicht-lineare Verlauf von Bildung, Lernen und Denken finden dabei nicht die notwendige Berücksichtigung. – Ein positiver Umgang mit der *Zeit*, der sich in Äußerungen wie sich Zeit lassen, die Zeit genießen, Zeit gestalten, sich die Zeit einteilen oder jemandem Zeit schenken zeigt, findet sich wenig im dienstlichen Sprachgebrauch. – Dabei spiegelt sich doch gerade hierin das Gefühl des Gelassenseins, im Einklang mit der *Zeit* zu sein, Muße zu haben und Souveränität zu besitzen.

❗ Die Zielsetzung dieses Buches ist es, Ihnen Strategien und Möglichkeiten bewusst zu machen, Ihren Umgang mit *Zeit* zu überdenken indem Sie Impulse erhalten
- Ihr Handeln auf Ihre persönlichen Ziele hin auszurichten,
- Wichtiges von Dringlichem zu unterscheiden,
- persönliche Ressourcen und Energien optimal einzusetzen,
- Stress zu bewältigen,
- die Qualität von Problemlösungen zu entwickeln,
- Ihr Ergebnis orientiertes Denken zu fördern und
- Aufgaben entsprechend ihrer Bedeutung mit angemessenem Aufwand an Zeit und Einsatz zu erledigen,

um ein größeres Maß an Zufriedenheit mit sich selbst und die positiven Wirkungen des Eustress in ausgeglichenem Zusammenhang von Leben und Arbeiten zu erlangen, um das alles mit der Arbeit in der Schule, zu Hause, Freunde, Familie, Haushalt, Urlaub ist auch noch da und ... und ... und ... auf die Reihe zu bekommen ...

»Es gibt ein großes und doch ganz alltägliches Geheimnis.«
schreibt Michael Ende in seinem berühmten Roman »Momo« zu Beginn des sechsten Kapitels. »Alle Menschen haben daran teil, jeder kennt es, aber die wenigsten denken je darüber nach. Die meisten Leute nehmen es einfach so hin und wundern sich kein bisschen darüber. Dieses Geheimnis ist die Zeit. – Es gibt Kalender und Uhren, um sie zu messen, aber das will wenig besagen, denn jeder weiß, dass einem eine einzige Stunde wie eine Ewigkeit vorkommen kann, mitunter kann sie aber auch wie ein Augenblick vergehen – je nachdem, was man in dieser Stunde erlebt. – Denn Zeit ist Leben. Und das Leben wohnt im Herzen.«

## Die Adressaten des Buches

Der Inhalt dieses Buches spricht alle in Schule beschäftigten Personen an; insbesondere ist es auf diejenigen ausgerichtet, die mit **Leitungs**- und **Führungsaufgaben** betraut sind.

Schulleitungskräfte stehen in besonderem Maße im Blickpunkt der Schulöffentlichkeit, die durch Eltern, Schülerinnen und Schüler, Schulaufsicht, Kollegium, weiterführende Schulen, Abnehmer im beruflichen Bildungs- und Ausbildungsbereich, Schulträger, außerschulische Beratungsinstitutionen usw. repräsentiert wird. Das professionelle oder unprofessionelle Verhalten von Schulleitungen wird dabei oft unreflektiert auf die Qualität der Arbeit in den Schulen übertragen. Dadurch haben sie Vorbildcharakter – ein nicht zu unterschätzender Aspekt, den Sie in Bezug auf einen kontinuierlichen Verbesserungsprozess Ihrer Arbeits- und Zeitorganisation bewusst beachten sollten.

Eine verbesserte Selbstorganisation bedeutet Lebensgewinn auch durch mehr Zufriedenheit. Eine verbesserte Selbstorganisation bedeutet aber auch den Kampf mit (unguten) Lebensgewohnheiten. Und der Rückzug auf bisher wahrgenommene Berufserfahrungen greift nicht immer; denn 20 Jahre Erfahrung können auch eine ganze Menge Unsinniges bedeuten; denn wie oft haben wir schon beobachtet, »… dass Erfahrung nicht notwendigerweise immer klug macht; Erfahrung kann auch dumm machen.« (Dietrich Dörner, 1995)

Entscheidend für eine aktive Auseinandersetzung mit diesem Buch erscheinen mir in diesem Zusammenhang die drei folgenden Motive zu einer Änderung von Verhaltensweisen:

- Die erste Frage lautet: »Muss ich mich überhaupt ändern?« – Allgemein lautet die Antwort »Nein«. Doch wird der von außen verursachte Leidensdruck (soziale Beziehungsgefüge, Vorgesetzte, Familie etc.) größer, bleibt oft keine andere Wahl.
- Die zweite Frage lautet: »Kann ich mich ändern?« – Das hängt ab von meinen Fähigkeiten, meinen beruflichen Gelingensbedingungen, meinem privaten Lebensgefüge und dem ganzen Drumherum und deutet auf eine notwendige Inventur meines Könnens.
- Die dritte Frage lautet: »Will ich mich ändern?« – Das ist der Appell an die unbedingte Ehrlichkeit vor mir selbst und bedeutet eine Inventur meiner Willenskraft – was nie verkehrt sein kann.

Auch für die Leserinnen und Leser, die einfach nur über ihr Bewusstsein von *Zeit* reflektieren wollen, bieten sich hier Gelegenheiten zum Nachdenken.

Die *Zeit* als solche können wir mit unseren Sinnesorganen nicht erfassen, wohl aber eine Vorstellung dieses Phänomens konstruieren, wenn wir es im Zusammenhang mit unseren Fähigkeiten des Denkens, Fühlens und Handelns betrachten. In diesem Kontext beschäftigen wir uns mit *Zeit* auf drei unterschiedlichen Ebenen unserer Wahrnehmung:

- Auf der gedanklichen Ebene können wir Zeitperspektiven entwickeln, indem wir uns eine Vorstellung von der Zukunft machen und noch nicht eingetretene Ereignisse antizipieren und somit planen können. Im Rahmen der Zeitperspektive können wir auch vergangene Ereignisse erinnern und in Zusammenhang mit unserem gegenwärtigen Handeln bringen.
- Auf der emotionalen Ebene können wir ein Gefühl für Zeit entwickeln, das mit anderen Gefühlen vernetzt ist. Dieses Zeiterleben sorgt in der Wahrnehmung von Langeweile für den Eindruck, dass die Zeit stehen bleibt und wir eine unangenehme innere Leere empfinden und ein Verfliegen der Zeit bei ansprechend interessanten Dingen. Und das Erleben von Zeitdruck und Zeitknappheit kann Angst erzeugen, etwas nicht zu schaffen.
- Auf der aktionalen Ebene gehen wir mit unserer Zeit um, indem wir unser alltägliches Tun bewusst und auch unbewusst zeitgerichtet einteilen oder uns aber gar nicht an irgendwelchen zeitlichen Strukturen orientieren.

Alle drei Ebenen beeinflussen sich untereinander und machen unser Zeitbewusstsein aus, das individuell geprägt und dynamischer Natur ist, unterschiedlich gewichtet wirksam ist und sich je nach aktueller Anforderungssituation verändern kann. (Ilse Plattner, 1992)

In Bezug auf die Selbstorganisation lassen sich grob zwei Typen von Menschen charakterisieren:
- Die **Organisationstalente** erledigen ihr Arbeitspensum geplant, strukturiert und systematisch und lassen sich kaum durch Zufälligkeiten und Störungen ablenken. Routiniert schaffen sie sich im Idealfall mehr Freiräume für private Aktivitäten und Muße.
- Die **Unorganisierten** haben meist kaum Zeit, weil sie stapelweise Arbeit um sich herum auftürmen, bergeweise Zuerledigendes auf dem Schreibtisch vor sich herschieben und sich mehr oder weniger erfolgreich durch den hektischen Alltag durchwuseln.

Bei genauerer Betrachtung liegt es nicht daran, dass Desorganisierte dumm, faul und schlampig sind. Sondern es kann daran hängen, welchem Persönlichkeitstyp ich mich im Umgang mit der Zeit zuordnen kann. Gehöre ich zu den **monochronischen Zeit-Typen**, dann werde ich wahrscheinlich eher nach der Uhr arbeiten, Aktivitäten im Voraus planen und meine Zeiten einhalten; alles ist messbar für mich; die Funktionsweise der linken Gehirnhälfte erscheint dominant; als konvergenter Denker gehe ich konzentriert vor und halte Ordnung; es ist wichtig für meine Motivation – bewusst und/oder unbewusst – was andere von mir erwarten. Als **polychronischer Zeit-Typ** passe ich in kein Zeitmesssystem, tendiere dazu an mehreren Zielsetzungen gleichzeitig zu arbeiten und lasse mich von Stimmungslagen und Intuitionen leiten; das »Vertrauen auf den unberechenbaren günstigen Augenblick« kennzeichnet meinen Arbeitsstil; als divergenter Denker hinterfrage ich Vieles und gehe neuen Ideen und verschiedenen Denkrichtungen nach; dominant wirkt eher die rechte Gehirnhälfte; innere Signale sind der Antrieb fürs Handeln oder Nichtstun. (Seiwert u. a., 2002)

Selbstverständlich gehe ich davon aus, dass es Persönlichkeiten gibt, bei denen sich diese Typologien vermischen, die je nach Lebens- bzw. Arbeitsbereich in der einen oder anderen Struktur mit differierenden Gewichtungen handeln.

Sicherlich ließen sich noch weitere Typen von Zeit- und Selbstmanagern beschreiben. Doch ich bin sicher, dass Sie anhand dieser kurzen

Darstellung die Möglichkeit genutzt haben, sich selbst wiederzufinden und aus der Distanz der Adlerperspektive Ihr Selbstbild bezüglich Ihrer vorhandenen Kompetenzen im Umgang mit der Zeit zu reflektieren und zu überprüfen. – Darüber hinaus kann der Selbsttest unter Kapitel 4 Ihnen Aufschluss liefern.

Defizite, die Sie bei sich entdeckt haben, und das Bedürfnis sie auszugleichen, um Ihre Selbstorganisation weiter zu entwickeln, sind gute Motive zur aktiven Auseinandersetzung mit der Thematik dieses Buches. Und angesichts der Tatsache, dass sich das Berufsbild der Schulleitungen weiterhin dynamisch verändern wird und die Ansprüche vor allem im Bereich der qualitativen Aspekte von Arbeit in Schulen weiterhin steigen werden, kann für uns Fortbildung zur Verbesserung grundlegender Management-Kompetenzen nie verkehrt sein.

## Der Aufbau des Buches

Das Buch ist von der Konzeption her ein praxisorientiertes Programm zur Verhaltensreflexion und selbstbestimmten Verhaltensmodifikation bei dem es nicht darum geht, wie ich in weniger Zeit mehr Aufgaben erledigen kann, sondern um die Vermittlung von Wissen und praktischen Anleitungen zur individuellen Beantwortung der Frage: »Wie organisiere ich mich selbst, damit mir die Zeit nicht wegläuft und ich zufrieden bin.«

Lösungsansätze, Strategien, Tipps und Tricks, die ich Ihnen zu prägnanten Problemstellen vorstelle, bitte ich Sie als Handlungsmöglichkeiten zu betrachten, an denen Sie sich orientieren und die Sie nutzen können, wenn Sie sie für vernünftig halten.

Die einzelnen Aspekte des Zeitmanagements sind so aufgebaut, dass zunächst Wissenswertes und Hintergründe (❶) aufgezeigt werden. Übungen sollen die Brücke zwischen Theorie und Praxis bilden; sie werden mit (❺) gekennzeichnet und sind als Vorschläge zum Ausprobieren gedacht. Auf weitergehende Möglichkeiten zur Selbsterkundung in Kapitel 8 wie Checklisten, Selbsttests, Formularvorlagen u. ä. wird durch (❽) hingewiesen. Schließlich finden Sie Weiterführendes (❯❯) wie Literatur- und Webseitenhinweise. Weitere Textmarkierungen sind für Beispiele (★) und Stolpersteine (👁) zur leichteren Orientierung vorgesehen.

Sie gehen optimal vor, wenn Sie Papier und Stift neben der Lektüre nutzen, um Wichtiges zu notieren, Assoziationen aufzuschreiben, eigene Entscheidungen und Verschreibungen zu dokumentieren, Kritik an den vorgeschlagenen Übungen festzuhalten und eigene Ideen zu vermerken oder auch Ihre Sprüchesammlung zu ergänzen ... (Experten nutzen dafür eine Din-A 5 Kladde im Sinne eines Forschungstagebuchs ...) und vergessen Sie nicht, Wichtiges im Buch anzustreichen. Beschränken Sie sich dabei auf Nomen; denn diese Wortart transportiert 80 % der Inhalte von Texten und ganze markierte Sätze sorgen schnell für Überforderung unseres Arbeitsspeichers im Gehirn. – Dieses »aktive« Lesen ist ein erster Tipp zum sinnvollen und effektiven Nutzen Ihrer Lese-Zeit.

Die 2000 Jahre alte Erkenntnis des Philosophen Seneca hat nachweislich immer noch ihre Gültigkeit:

**»Es ist nicht wenig Zeit, was wir haben, sondern es ist viel, was wir nicht nützen.«**

### Die Quicktour: Falls Sie es eilig haben

Vom Vorgehen her müssen Sie selbst entscheiden, ob Sie sich die Kapitel in der dargebotenen Abfolge erarbeiten wollen oder einen Aspekt des Zeitmanagements heraussuchen, der Ihnen gerade jetzt auf den Nägeln brennt oder ob Sie sich einige Punkte herauspicken, um Ihr Selbstmanagement auch aus Lust am Lernen und Ausprobieren zu verbessern. – Allein Kapitel 2 »In Zielen denken« lege ich Ihnen als appetitanregende Vorspeise verbindlich ans Herz.

# 1. Zeitmanagement und Selbstmanagement im Regelkreis – sechs Aktivitäten im Zusammenhang

Im gesellschaftlichen Kontext ist unser beruflicher Alltag davon geprägt, dass alles schneller, effektiver und ökonomischer gelingen muss. Die Anforderungen an Führungskräfte in Schulen liegen dabei neben hohen fachlichen Qualifikationen immer mehr darin, wie individuelles Zeit- und Selbstmanagement gelingen und die Organisationsentwicklung unserer Institution Schritt hält mit den gesellschaftlichen Anforderungen. Der Paradigmenwechsel von »Schulverwaltung« zu »Schulgestaltung« bedingt fraglos eine umfassende Veränderung unseres Verhaltens. Das heißt, wir müssen kontinuierlich darüber nachdenken, wie wir unser Leben gestalten, was wir tun und was wir wollen, was uns gelingt und worunter wir leiden, um in der Vielfalt unserer Beschäftigungen, Aufgaben, Aktivitäten usw. nicht die Dinge aus dem Blick verlieren, die uns bedeutsam sind und wir das Wichtige tun können. – Das gilt gleichermaßen für Schulisches und Privates!

Bei der Bewältigung von tagtäglich zu erledigenden Aufgaben und Problemen erfolgen eine Reihe von verschiedenen Aktivitäten die uns nicht immer bewusst sind, die aber in einem bestimmten Zusammenhang stehen und in der Regel auch in einer bestimmten Reihenfolge ablaufen. Es ist dabei zu berücksichtigen, dass die Funktionen nicht immer strikt nacheinander ablaufen, sondern vielfältig miteinander verflochten sind. Sinnvoll ist es, diese komplexen Prozesse zu gliedern und Transparenz zu schaffen. In diesem Sinne stellt die Abbildung des Regelkreises eine nützliche Orientierungshilfe dar und gilt hier als Themenprogramm und Gliederungsschema des Buches:

# Zeitmanagement und Selbstmanagement im Regelkreis

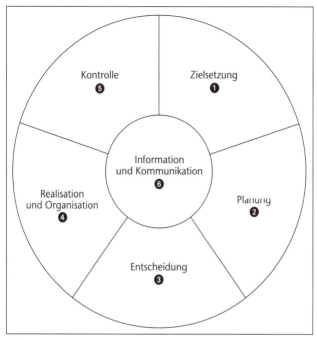

*Abb. 1: Regelkreis*

Die sechs Aktivitäten des Regelkreises haben die folgenden Bedeutungen:
1. Mit der **Zielsetzung** erfolgt die Analyse und Formulierung der persönlichen Ziele – für Beruf **und** Privates: kurzfristige, mittelfristige und langfristige Ziele bis hin zu Lebenszielen. Zeithorizonte sind dabei etwa drei Monate, ein bis zwei Jahre, fünf bis sieben Jahre, über zehn Jahre hinaus.
2. Zur **Planung** gehören das Erstellen von Plänen und auch Handlungsalternativen für die eigenen Tätigkeiten unter Verwendung angemessener Planungsinstrumente, die geeignet sind, unterschiedliche Zeiträume abzubilden.
3. Die **Entscheidung** über die durchzuführenden Aufgaben unterliegt der Prioritätensetzung entsprechend ihrer Wichtigkeit und/oder ihrer Dringlichkeit. Hier werden die Entscheidungen über das ge-

wünschte Maß an Selbststeuerung oder das der zugelassenen Fremdsteuerung getroffen.
4. Bei der **Umsetzung der Planung** spielt die Tagesgestaltung eine wichtige Rolle, der persönliche Arbeitsstil kommt zum Tragen und die schulischen Arbeitsabläufe sowie das Verhalten im Kontext der Privatbereiche beeinflussen auf ihre Weise die Aktivitäten zur Realisierung der anstehenden Aufgaben und Tätigkeiten. Störungen fragen dabei nicht um Erlaubnis und doch hat der Umgang mit diesen »Zeit- und Energiefressern« großen Einfluss auf meine Befindlichkeit.
5. Die **Kontrolle** erfolgt zielbezogen und beinhaltet die umfassende Reflexion der eigenen Tätigkeiten – auch in der Wirkung auf schulische Mitarbeiter und Mitarbeiterinnen, Familienmitglieder und andere Betroffene. Es ist die Kontrolle meiner selbst und der erzielten Ergebnisse. Gegebenenfalls führt die Kontrolle zu Korrekturen in den Zielsetzungen.
6. Die Funktionen **Information und Kommunikation** stehen im Innenkreis, weil sich die anderen Funktionen des Regelkreises gewissermaßen um sie »drehen«; denn Kommunikation als Austausch von Informationen ist bei allen Teilaspekten des Zeit- und Selbstmanagement-Prozesses unabdingbar, macht das Handeln interaktiv, sorgt für Synergien, ermöglicht Feedback-Schleifen und ist der Motor effizienter Führung für mich selbst und die Organisation Schule.

## 2. In Zielen denken – wenn ich das Ziel nicht kenne, werde ich auch den Weg nicht finden

Bevor ich den Sinnspruch *»Wenn ich nicht weiß, wohin ich will ...«* vervollständige, möchte ich Sie zu einer Übung einladen:

Sie haben 84 Kästchen vor sich, die in etwa Ihre durchschnittliche zu erwartende Lebenszeit darstellen sollen.

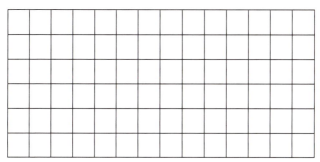

*Abb. 2: 84 Kästchen*

Kreuzen Sie von oben beginnend die Jahre einzeln durch, die Sie bisher gelebt haben. – Das ist der Anteil der Jahre, die Sie bisher erlebt haben; die Zeit, die weg ist, die Sie aber jederzeit in Ihren Erinnerungen wieder hervor bringen können: Ihre bestandenen Abenteuer, Erfolge, mehr und weniger aufregenden Erlebnisse, siegreichen Taten und auch die bewältigten Krisen und überstandenen Niederlagen.

Kennzeichnen Sie jetzt von rückwärts die Jahreskästchen, die Sie im Ruhestand verleben möchten – und für die Sie sicherlich schon nach dem Motto »Wenn ich erst pensioniert bin, dann ...« recht bildhafte Vorstellungen antizipieren.

Die jetzt noch freien Kästchen sind die Jahre Ihrer verbleibenden *Lebensarbeitszeit* ...

In ähnlicher Weise können Sie Ihre Aufmerksamkeit auf *Ihre Zeitperspektive* richten, indem Sie ein gekürztes Meter-Maßband mit einer Schere entsprechend bearbeiten und Ihre drei Lebenszeitspannen dann regelrecht auf dem Tisch liegen haben.

Dieses Bild macht uns bewusst, warum wir mit dem Phänomen *Zeit* Begriffe wie »kostbar, knapp, nicht regenerierbar, vergeht wie im Flug, vergeudet, nie genug, verfliegt, ist unwiederbringlich, ist Leben« u. v. m. assoziieren. – Und es fokussiert den Punkt des **Jetzt in unserer Zeitwahrnehmung**; den Schnittpunkt zwischen Vergangenheit und Zukunft mit der inhärenten Frage:

»**Was kann ich tun, um meine Zeit sinnvoll zu nutzen?**«
Notieren Sie Ihre Antworten auf einer freien Seite gerade so, wie Sie Ihnen in den Sinn kommen. Sie werden erstaunt sein, wie schnell Sie sieben Ideen aufgeschrieben haben ...

Meine Antwort darauf liegt nahezu auf der Hand: Vor allem **Zeit nehmen**, um über meinen Ist-Zustand im *Umgang mit der Zeit* Klarheit zu gewinnen und ein Bild des gewünschten Zustands zu malen.

Der Sinnspruch:
»**Wenn ich nicht weiß, wohin ich will, darf ich mich nicht wundern, wenn ich woanders ankomme.**«
hat große Bedeutung. Als Lehrerinnen und Lehrer haben wir gelernt, Ziele eindeutig zu formulieren und den Lernzuwachs für die Schülerinnen und Schüler gestochen scharf auf den Punkt zu bringen. Das betrifft letztendlich nicht uns persönlich, sondern zielt auf das zu verändernde Verhalten anderer ab. Sehr viel schwerer fällt es, Ziele für uns selbst zu verfassen und schriftlich festzuhalten. In Trainingsseminaren wird immer wieder geäußert, dass das nicht nötig ist, dass das nur noch mehr Druck macht, dass man sowieso nie weiß, ob man das erreichen kann etc. Hier ist Angst zu spüren, sich auf Verbindlichkeiten und Selbstverpflichtungen einzulassen. Oder ist es vielleicht mehr die Unsicherheit, alte und lieb gewonnene Verhaltensweisen abzulegen und sich auf Neues einzulassen oder gar ein Risiko einzugehen?

In dem Roman »Oblomow« beschreibt Iwan Gontscharow das Verhalten seines Titelhelden Ilja Iljitsch Oblomow angesichts eines Briefes seines Gutsverwalters, der ob der eingetretenen Missstände dringend entschiedenes Handeln anmahnt: »Kaum war er aufgewacht, nahm er sich vor, unverzüglich aufzustehen, sich zu waschen, Tee zu trinken, gründlich nachzudenken, dies und jenes zu erwägen, sich Notizen zu machen und sich überhaupt mit der Angelegenheit so zu beschäftigen, wie es sich gehört. Dennoch blieb er noch eine halbe Stunde liegen und quälte sich mit diesem Vorsatz, bis ihm einfiel, dass er alles nach dem Teetrinken machen und den Tee wie gewöhnlich im Bett trinken könnte, zumal ihn ja nichts daran hinderte, auch im Liegen nachzudenken. So tat er denn auch.« Oblomow verträumt sein Leben, gefangen in guten Vorsätzen und Sehnsüchten. Das mag uns einsichtig erscheinen, wenn wir Sprichwörter wie »Denn erstens kommt es anders, und zweitens als man denkt.« oder »Der Mensch denkt, Gott lenkt.« dazu in Beziehung setzen, oder John Lennons Weisheit »Life happens to you while you are busy making other plans.« Tragisch wird diese Einstellung, wenn Oblomow am Ende seines kostbaren Lebens zu der Erkenntnis gelangt, dass da etwas gründlich falsch gelaufen ist: »In meinem Leben hat niemals ein Feuer gelodert, weder ein erlösendes noch ein vernichtendes. Es war nie wie ein Morgen, der allmählich in Farben und Flammen erbrennt, sich allmählich in den Tag verwandelt, wie bei anderen, heiß lodert und alles zum Kochen bringt, im augenblendenden Mittag sich endet, dann immer stiller und stiller, immer blasser wird und schließlich natürlich und allmählich gegen Abend verlischt – nein, mein Leben begann mit dem Verlöschen.« Auch Goethes Werther endet verzweifelt, weil er sich nicht aufraffen konnte, seine ihn quälenden Lebensumstände zu verändern und auch Faust gelangte durch sein Zaudern, sein Aufschieben und seine mangelnde Entscheidungskraft nicht zu Glück und Zufriedenheit. Und Scarlett O'Hara in »Vom Winde verweht.« zögert aus Stolz mit ihrer Liebe zu Rhett Butler zu lange, weil sie Unangenehmes einfach vor sich her schiebt und sich dem Schicksal anheim stellt.

Unsere Wünsche, Träume, Pläne, Sehnsüchte und Absichten, die wir  irgendwie diffus in unseren Köpfen haben, sind wir gewohnt unter selbstempfundenem Aufgaben- und Zeitdruck im Familien- und Schulalltag mit seinen Funktionszwängen und Pflichten hintenan zu stellen und vor uns herzuschieben. Wir beruhigen uns dann mit Ausreden und Trostformeln wie: »Wenn ich pensioniert bin, dann … – Wenn ich genug Geld habe, dann … – Wenn die Kinder erst mal aus dem Haus sind, dann … – Wenn der neue Schulanbau kommt, dann aber …« – Diese Gedanken sind banal; denn sie werden in ihren Absichten zu oft ad absurdum geführt: »Zu lange aufgeschobene Wünsche brennen nicht mehr, zu tief weggepackte Träume sind von den Motten zerfressen. Aufgeschoben ist eben doch aufgehoben, und was zu lange währt, wird nicht endlich gut, sondern zerbröselt unter den Händen. (…) Es gibt Irrtümer, na und? Was macht das schon? Die gibt es immer. Schlimmer ist, sich alles zu verkneifen und immer zu sagen: wenn …

dann ... Wenn ich endlich Zeit, Geld, Freiheit habe, dann mache ich Reisen, lege mir Hobbys zu, lerne endlich eine Fremdsprache. Nein, tut man in der Regel eben nicht – denn wenn es drängt, brennt, juckt, wenn man es wirklich will, dann fängt man damit **sofort** an. (...) Wenn man es braucht (...) wie Essen, Trinken, Atmen, **dann tut man es** auch.« (Elke Heidenreich, 2002) Aufgeschobene Wünsche und Pläne, mit denen wir uns gern etwas vormachen, degenerieren leicht zu sogenannten »Lebenslügen«, von denen wir dringend Abstand nehmen müssen, weil wir dann nicht keine Zeit dafür haben, sondern weil das Bedürfnis dafür nicht mehr vorhanden ist!

## Ziele formulieren und visualisieren

An dieser Stelle soll es darum gehen, gedankliche Klarheit in Wünsche, Vorhaben, Absichten und Lebensträume zu bringen, sie als Ziele deutlich zu machen und ihr Gelingen im Kontext unserer privaten und beruflichen Realitäten vorweg zu konstruieren. Sich persönliche, private und berufliche Ziele zu setzen ist eine wichtige Grundlage für selbstbestimmtes Handeln, kanalisiert den Einsatz mentaler und physischer Energien und sorgt für eine positive motivationale Grundlage für unser Handeln: »Wenn ich keine Ziele bestimme, ist alles, was ich tue, gleich richtig oder gleich falsch. Wer keine klaren Vorstellungen über die eigenen Ziele entwickelt, lässt sich nur allzu leicht ablenken ...« (Angelika Gassmann, 2000) Und das ist es, was zu großer Unzufriedenheit und zum »Hamsterlaufrad-Syndrom« führt. Dem entkomme ich auch nicht, wenn ich irgendwie handele und dann das Erreichte als das Ziel bezeichne. Ziele sind im Voraus festgelegte Ergebnisse. Oder etwas poetischer ausgedrückt:

### »Ziele sind Träume mit einem Termin.«

Und dadurch haben Ziele eine ganz andere Qualität als diffuse Wünsche, Sehnsüchte, Pläne und Vorstellungen.

Dabei ist es wichtig, Gleichgewichte zwischen Berufs- und Privatleben zu schaffen, weil das eine nicht losgelöst vom Anderen existiert: »Neben beruflichen Zielen geht es auch darum, Ziele zu stecken, die den Partner oder die Partnerin, die Kinder, die Freunde, die eigene Fitness, Beteiligung am gesellschaftlichen Leben etc. betreffen.« (Angelika Gassmann, 2000) Ziele für den beruflichen und privaten Bereich sind ein wichtiger Motivationsaspekt zur bewussten und sinnvollen Ausrichtung unserer Energien. Erst das **Bewusstsein** über unsere Ziele stellt den direkten Zusammenhang zwischen der Bewältigung der täglichen Aktivitäten und Aufgaben und der persönlichen Entwicklung und Zufriedenheit her.

**Haben Sie eine Lebenszielplanung?** – Diese Frage ruft sicherlich Irritationen hervor. Doch sie ist der Ausgangspunkt für eine Orientierung hinsichtlich zur Verfügung stehender *Zeit* und der Aktivitäten, mit denen wir sie nutzen. Ziele zu formulieren ist eine Aufgabe, die hohe Anforderungen in Bezug auf Selbstoffenheit und Selbstehrlichkeit stellt und in allen Trainingsseminaren zu anfänglichen Unmutsbekundungen, Verwirrungen und Widerständen führt – aber ich versichere Ihnen, dass es leistbar ist und Sie nach der Anstrengung hoch zufrieden mit sich sein werden.

Die beiden folgenden alternativen Übungen können verdeutlichen, was mit Lebenszielplanung gemeint ist:

### 1. Der verordnete Spaziergang

Legen Sie das Buch nach dem Lesen der Anweisungen zur Seite, verlassen Sie den Raum und gehen Sie für 45 Minuten zu einem Spaziergang nach draußen; möglichst dort hin, wo Sie sich gern in der Natur aufhalten, auch sonst Ruhe für ein bisschen Muße finden und sich wohl fühlen. – Lassen Sie Ihren Gedanken freien Lauf, wenn Sie sich dann exemplarisch die Fragen beantworten: »Was werde ich in zehn Jahren erreicht haben? – Im Beruf? – In meinen engsten Familienbeziehungen? – In Hinsicht auf meine ganz persönlichen Bedürfnisse?« Nehmen Sie Ihre konstruierten Visionen wohlwollend wahr und stellen Sie sich ein möglichst lebendiges buntes Bild von der Situation vor. Beschränken Sie sich dabei auf je ein Ziel für drei bis vier der Rollen, die Sie in Ihrem Leben verkörpern.

### 2. Die Fantasiereise

Legen Sie das Buch nach dem Lesen der Anweisungen beiseite, suchen Sie sich einen bequemen Platz, wo Sie eine zeitlang entspannt sein können. Kommen Sie bewusst auch in Ihren Gedanken zur Ruhe.

Schließen Sie dann Ihre Augen und nehmen Sie Ihre Fantasien wahr: … in zehn Jahren … wo bin ich? … – … wie bin ich? … in zehn Jahren? … was bin ich? … – … für meine Familie? … – … für meinen Beruf? ... – ... für meine Freunde? ... – ... wie sehe ich aus? ... – ... in welcher Umgebung bin ich? ... – ... mit wem? ... – ... wie geht es mir? ...

Lassen Sie sich Zeit, Ihre Fantasien wahrzunehmen. Es können positive und negative, lustige und ernste Bilder entstehen.

Halten Sie Ihre Wahrnehmungen in Notizen fest, wenn Sie von Ihrem Spaziergang oder von Ihrer Fantasiereise zurückgekehrt sind, damit wichtige Details nicht verloren gehen.

Wenn Sie diese Aufgabe bewältigt haben, befinden Sie sich in der »Pole Position«, von der aus Sie die schriftliche Formulierung Ihrer Ziele erarbeiten können. Dabei hat es sich nach meinen Erfahrungen als erfolgreich erwiesen, ein so genanntes **»Zielfoto mit Worten«** zu erstellen.

Also:

### Formulieren Sie Ihre Ziele!

- Legen Sie sich drei freie Blätter bereit.
- Schreiben Sie auf jeweils ein Blatt
  1. Ihre **langfristigen Ziele** mit einem Horizont von ca. 10 Jahren.
  2. Ihre **mittelfristigen Ziele** mit dem Blick auf 3 bis 5 Jahre.
  3. Ihre **kurzfristigen Ziele** in Bezug auf die nächsten 4 Wochen.
- Berücksichtigen Sie Beruf und Privates und ganz Persönliches gleichermaßen.
- Beschränken Sie sich bei einem ersten Versuch auf jeweils **zwei Ziele für jeden Aspekt.**
- Erstellen Sie dabei ein Zielfoto mit Worten:
  Schreiben Sie im Präsens! (Ich bin ... Ich habe ... Ich sehe ... Ich tue ...) Beschreiben Sie ganz konkret den Zustand, den Sie sich wünschen! (konkreter Ort, Personen mit denen ich zu tun habe, mein Aussehen, meine Befindlichkeit ...). Vermerken Sie Jahreszahlen und konkrete Datumsangaben. Nutzen Sie Ihre Beispiele aus der vorangegangenen Übung!
- Versuchen Sie anschließend Ihre Ziele in eine Reihenfolge nach Ihren persönlichen Prioritäten zu bringen. – Folgen Sie dabei Ihrer eigenen Intuition und lassen Sie sich nicht dadurch beirren, was andere dabei denken könnten; oder dass es illegal, egoistisch, unmoralisch oder was auch immer sein könnte, wenn Ihre persönlichen Bedürfnisse vor den dienstlichen Belangen stehen. – Nur was Sie als das Wichtigste erachten hat auch vor Ihrer Selbstehrlichkeit Bestand!

Wenn Sie als divergenter Denktyp eher bildhaft vorgehen, können Sie auch die Form eines Mindmaps nutzen, das Ihnen den Blick aus der Adlerperspektive auf Ihre Zielkonstellation gewährt.

Übertragen Sie das abgebildete Schema auf ein freies Blatt und verändern Sie es dabei entsprechend Ihren Bedürfnissen.

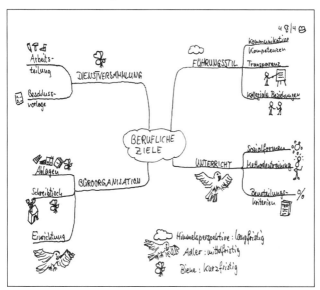

Abb. 3: Mindmap

Mit dieser Arbeit haben Sie sich einen wichtigen **Wegweiser** geschaffen, um Ihr zukünftiges Handeln in die richtige Richtung zu dirigieren. Und je konkreter Sie Ihre Vorstellungen aufgezeichnet haben, desto genauer wissen Sie **jetzt**, was Sie für Ihre *Zukunft* wollen.

Als das erstaunliche Ergebnis einer Vielzahl von Interviews mit erfolgreichen Menschen hat der Lebensforscher und Coaching-Experte Richard Leider drei Erkenntnisse zusammengefasst, die alle seine Probanden in ihren Retrospektiven aufgeführt haben:

- Sie würden in regelmäßigen Abständen innehalten, um darüber nachzudenken, was sie da eigentlich tun mit und in ihrem Leben, um ihre Motive und Wünsche in ihrem Lebenskontext zu hinterfragen, um sich Ziele zu setzen und **bewusst Initiativen ergreifen**, um

ein selbstbestimmteres Leben in voller Selbstverantwortung führen zu können.
- Sie würden **im Privatleben und im Beruf** mehr Mut für unkonventionelle Entscheidungen aufbringen, um spontaner und kreativer zu sein und ihre Individualität bzw. ihr Anderssein als andere nicht mehr als negative Hypothek betrachten, weil ihr Wohlbefinden immer dann am größten war, wenn sie sich herausgefordert fühlten, bereit waren zu lernen, zu wachsen, Neues zu entdecken und auszuprobieren und sich Unbekanntem aussetzten.
- Sie würden sich wünschen etwas zu schaffen und hinterlassen zu können bzw. einen Zweck zu erfüllen, der außerhalb ihres eigenen Lebens und materieller Interessen liegt. Dabei sei die Innenbewertung erstaunlich unabhängig von der Außenbewertung, weil die **eigene Integrität** auf Dauer das Gefühl eines erfüllten Lebens mehr trägt als äußere Erfolgsfaktoren wie Geld und Karriere. D. h. je mehr mein Leben an meinen eigenen Werten und Fähigkeiten ausgerichtet ist, als umso reicher und erfüllter empfinde ich es.

(Richard Leider, www.fastcompany.com/online/13/ldrplus.html)

Vergewissern Sie sich nun, ob Sie die wichtigen Rollenaspekte in Ihrem privaten, Ihrem beruflichen und in Ihrem ganz persönlichen Bereich berücksichtigt haben. – Kontrollieren Sie die Kontinuität der Ziele von 1. bis 3.; denn Widersprüche sollten nicht auftreten. Führen Sie die notwendigen Korrekturen bzw. Ergänzungen aus. – Überprüfen Sie Ihre Ziele hinsichtlich ihrer Effektivität und ihrer Motivationsrelevanz; denn dazu sollten sie anspruchsvoll, erreichbar, spezifisch, messbar, zeitlich befristet und auch flexibel angelegt sein. (Reinhard Sprenger, 1999)

Und vergessen Sie vor allen Dingen nicht, sich für Ihre Anstrengungen und die erarbeiteten Ergebnisse zu belohnen!

### Start-Ziel-Wege reflektieren

Im Zusammenhang mit der Realisierung von Zielen kann sich jeder von uns daran erinnern, dass es Wege gab, die ganz unterschiedlich verliefen. Das sollen die drei Annahmen in der Skizze abbilden, wobei die »x« die Teilziele oder Wegetappen kennzeichnen.

## In Zielen denken 27

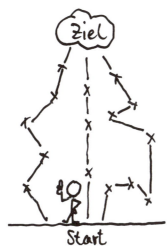

*Abb. 4: Start-Ziel-Weg*

Unternehmen Sie an dieser Stelle einmal den Versuch, Ihren Karriereweg »Von der Lehrkraft zur Schulleitung« in ähnlicher Weise aufzuzeichnen ...

Es gab Wege, die zielstrebig-direkt und nahezu starr verliefen. Andere hatten Etappen, die mit mehr Flexibilität versehen waren, Umwege und Abweichungen aufwiesen, aber im Endeffekt doch zielgerichtet waren. Wiederum andere endeten wieder an der Startlinie mit der Konsequenz, dass diese Zielsetzungen ersatzlos gestrichen oder in veränderter Form zu einem anderen Zeitpunkt wieder auf die Bahn gebracht wurden.

Das hängt damit zusammen, dass der Verlauf des Weges nicht nur von der Eigensteuerung abhängt, sondern auch von Impulsen, die von außen einwirken. Die hemmende Wirkung dieser Außenfaktoren liegt vornehmlich in der mangelnden Kommunikation begründet. – Stimmen Sie Ihre Ziele mit Ihrer engsten Umgebung ab? – Mit wem sprechen Sie über das, was Sie vorhaben? – Hat Ihr Ehepartner oder Ihre Lebenspartnerin gleiche oder ähnliche Ziele? – Gibt es in Ihrem Kollegenkreis oder unter den Lehrkräften an Ihrer Schule Personen mit möglicherweise identischen Zielvorstellungen?

### Kommunikation und Information sind hier der Dreh- und Angelpunkt!

Ehen werden geschieden und Partnerschaften laufen m.E. auseinander, weil der Eine nicht weiß, was die Andere erstrebt. – Hier greift die Kritik, dass in Schulen zu oft immer noch unprofessionell in Einzelkämpfermanier gearbeitet wird – bei einem Mangel an kommunikativer Kompetenz. Notwendige und sinnvolle Synergieeffekte bleiben dabei noch zu häufig ungenutzt. Und darauf zu hoffen, dass die in unserem Kopf – oder jetzt auch schriftlich fixiert – vorhandenen Intentionen von den vermeintlichen Adressaten einfach so aufgenommen werden, erachte ich eher als müßig ...

### Ziel-Mittel-Analysen berücksichtigen

Eine Ziel-Mittel-Analyse kann bei der Einschätzung helfen, ob die Zielsetzung realistisch, das Ziel mit den verfügbaren Mitteln erreichbar ist. Oder ob die Zielsetzung utopisch ist und für das Erreichen des Ziels die notwendigen Mittel nicht vorhanden und auch nicht beschaffbar sind.

Diese Analyse kann als Grundlage für die Formulierung von Handlungszielen gelten, mit deren Hilfe die »Wie-Planung« erfolgen kann.

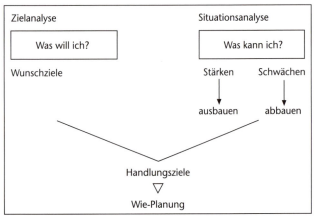

*Abb. 5: Ziel-Mittel-Analyse*

Hinsichtlich der Reflexion über persönliche Stärken und Schwächen gilt nach meinen Beobachtungen für Schulleitungskräfte, dass die einen sich selbst häufig zu negativ einschätzen, während andere mit einer übertriebenen Selbsteinschätzung einhergehen. – Für die einen ist es ratsam, mehr kritisch wohlwollend mit sich umzugehen, während die anderen einen mehr realistischen Selbstbezug herstellen sollten.

Zentrale Bedeutung hat für die Situationsanalyse die Frage: »**Woher kenne ich meine Stärken und Schwächen?**« – Die Antwortung fällt in Schule Beschäftigten, die beruflich oft an Einsamkeit gewöhnt sind und ohne die notwendigen direkten Rückmeldungen von Kollegen, Vorgesetzten, Eltern, Schülern usw. vor sich hin arbeiten, schwer. Unsicher, vage, diffus und mutlos – aber auch überdreht und fragwürdig wirken die Beschreibungen eigener Fähigkeiten und Führungskompetenzen.

Fordern Sie Rückmeldungen aus Ihrem sozialen Umfeld und lassen Sie sich bewusst Stärken und Schwächen aufzeigen:

1. Welche Leute sind für mich wichtig? – Wem vertraue ich? – Von wem kann ich echte Rückmeldungen bekommen?
2. … zu Hause? … im Beruf? … in der Freizeit? … in meinem ganz persönlichen Bereich?
3. Was trauen sie mir zu …? – Worin sehen sie Schwachstellen? – Worin sehen sie potenzielle Anlagen bei mir? – Wie sehen mich die anderen in meinen verschiedenen Rollen?

Um letztendlich mit der Frage: »**Was unterscheidet mich von anderen?**« zu einem realistischen und angemessen gültigen Selbstbild zu gelangen.

Die Definition Ihrer Ziele, die Sie jetzt vorgenommen haben, sorgt für einen klaren Blick auf den antizipierten Endzustand Ihres Handelns. Damit sind Sie in der Lage die Zusammenhänge zwischen den vielfältigen Aktivitäten und Aufgaben von heute und dem erstrebten zukünftigen Endzustand ausgewählter Lebensbereiche deutlich wahrzunehmen: »Nur wer seine Ziele auch definiert hat, behält in der Hektik des Tagesgeschehens den Überblick, setzt auch unter größter Arbeitsbelastung die richtigen Prioritäten und versteht es, seine Fähigkeiten optimal einzusetzen, um schnell und sicher das Gewünschte zu erreichen.« (Lothar Seiwert, 2004) – Das ist sehr wichtig für die weitere Reflexion über Ihren Umgang mit der *Zeit*; denn …

**Nicht was ich tue ist wichtig,
sondern warum und wozu ich es tue!**

## Weiterführendes

*Bischof, A. und K.: Selbstmanagement effektiv und effizient; Planegg 2001*

*Dörner, Dietrich: Von der Logik des Misslingens; Reinbek 1995/Kap. 4*

*Hütter, Heinz: Zeitmanagement; Berlin 2002/Kap. 7*

# 3. Aktivitäten planen – je weniger Zeit ich habe, desto besser muss ich mich organisieren

In diesem Kapitel geht es darum, dem Umgang mit der *Zeit* eine Struktur zu geben und die folgenden Probleme zu bearbeiten:

- Ich nehme mir vor, viele Dinge auf einmal zu erledigen und bringe am Ende doch nichts zuende …
- Es mangelt mir an einer realistischen *Zeitschätzung* und ich denke immer, dass alles schneller geht, als es tatsächlich dauert …
- Mir fehlt manchmal einfach der Durchblick und ich weiß dann nicht mehr, womit ich denn nun eigentlich anfangen soll …

Die folgende Geschichte kommt Ihnen sicherlich bekannt vor:

»Am frühen Morgen sagte der Bauer zu seiner Frau, dass er seine Felder pflügen wolle. Er begann sogleich den Traktor zu ölen. Dabei stellte er fest, dass er mehr Öl brauchte und er machte sich auf den Weg ins Dorf, um welches zu besorgen. Auf dem Weg bemerkte er, dass die Schweine nicht gefüttert waren. Er ging zum Getreidespeicher, wo er einige Säcke mit Futter fand. Die Säcke erinnerten ihn daran, dass die Kartoffeln keimten. Auf dem Weg zu den Kartoffeln kam er am Holzstoß vorbei und erinnerte sich daran, dass seine Frau im Haus Holz brauchte. Als er einige Scheite auflas, lief eine kranke Henne vorüber. Er ließ das Holz fallen und packte die Henne. Als der Abend kam, war der Bauer noch nicht einmal bis zum Traktor gekommen, geschweige denn auf sein Feld.« (in: Angelika Gassmann, 2000)

Drei Argumente werden in Zeitmanagement-Seminaren regelmäßig gegen den Nutzen einer vernünftigen Planung vorgebracht:

1. Ich komme ohne diesen ganzen Planungsaufwand zurecht.
2. Planung ist zwecklos, weil ja doch immer alles ganz anders kommt.
3. Planung ist starr und unmenschlich und tötet jede Spontaneität.

Zu Argument 1. ist zu sagen, dass die Betroffenen keine besonderen organisatorischen Engpässe im häuslich-privaten und beruflichen Bereich erleben. Die *Zeit* ist möglicherweise durch äußere Bedingungen so vorstrukturiert, dass eigene Entscheidungen nicht notwendig sind. Sie sind mit dem »Durchwursteln« zufrieden und kommen damit »ganz gut über die Runden« und leiden nicht darunter, vielseitigen Interessen und Verpflichtungen nicht mit der notwendigen Intensität und Konzentration nachgehen zu können.

Bei Argument 2. ist die Tendenz spürbar, sich einfach treiben zu lassen und von vornherein viele Möglichkeiten effizienter Zeitnutzung zu vergeuden. Es fehlt die positive Erfahrung einer vernünftigen Planung, die auch Raum für Unvorhersehbares lässt. Aus dieser Einstellung entwickeln sich Jammerer, Nörgler und Motzer, die andere für ihr Zeit- und Zufriedenheitsdilemma verantwortlich machen möchten.

Zu Argument 3. ist anzumerken, dass starres, minutiöses Einhalten von Planung abzulehnen ist. Ohne Planung zu arbeiten heißt aber nicht, dass man mehr spontane Entscheidungen trifft. Es trifft vielmehr zu, dass Spielräume für echte Entscheidungen geringer werden, weil äußere Umstände und Einflüsse die Tagesordnung bestimmen. Mit Planung zu arbeiten soll heißen, dass Freiräume geschaffen werden, in denen Spontaneität möglich wird.

**Für** die Notwendigkeit und den Nutzen zur Planung unserer *Zeit* sprechen die folgenden Argumente:

**Planung ...**
- reduziert Leerlauf,
- hilft Fehlentscheidungen zu vermeiden,
- führt zu effizienterem Arbeiten,
- sorgt für Arbeit mit souveräner Ruhe und Gelassenheit,
- schafft Zeit für freudvolle Aktivitäten und Muße und
- ist ein Instrument der Selbsterziehung ...

(Klaus Schaefer, 1985)

Planung bedeutet *Zeit-Gewinn*; denn je besser wir unsere Zeit einteilen, desto eher bekommen wir einen Überblick über die **notwendigen Tätigkeiten**, die dafür nützlich sind, unsere persönlichen und beruflichen Ziele Schritt für Schritt zu erreichen und die Balance unserer wichtigen Lebensbereiche zu sichern.

Dabei ist neben einer geordneten Gedankenführung die **Schriftlichkeit** das wichtigste Planungsprinzip. – »Auch das noch ...!« werden die Protagonisten der Unverbindlichkeit, der Bequemlichkeit und Beliebigkeit ihre Ablehnung bekunden und »Dafür habe ich schon gar keine Zeit!« – »Das ist was für Vergessliche!« – »Ich weiß auch so, was ich zu tun habe!« – »Dauert viel zu lange!« – »Ist doch überflüssig!« – »Das ist

## Aktivitäten planen 33

bei unserem Tagesgeschäft die reinste Zeitverschwendung!« sind die gängigen Killerphrasen, die die Festungsmauern zur Erhaltung der unguten Gewohnheiten, der mangelnden Selbstverantwortung und die »Schuld-sind-immer-die-anderen«-Zuweisungen zu stützen versuchen. – Dass diese Gedanken kaum eine Chance haben zu bestehen, wenn es darum geht, die Effizienz unseres Planungsverhaltens zu verbessern, kann die folgende Geschichte deutlich machen:

»Ein Spaziergänger geht durch einen Wald und begegnet einem Waldarbeiter, der hastig und mühselig damit beschäftigt ist, einen bereits gefällten Baumstamm in kleinere Stücke zu zersägen. Der Spaziergänger tritt näher heran, um zu sehen, warum der Holzfäller sich so abmüht, und sagt dann: Entschuldigen Sie, aber mir ist da etwas aufgefallen: Ihre Säge ist ja total stumpf! Wollen Sie sie nicht einmal schärfen? – Darauf stöhnt der Waldarbeiter erschöpft auf: Dafür habe ich keine Zeit – ich muss sägen!« (in: Lothar Seiwert, 2004)

Vor diesem Hintergrund erhält das **Prinzip der Schriftlichkeit** seine Bedeutung als Instrument reflexiven und proaktiven Handelns; denn es ...

- entlastet das Gedächtnis,
- zwingt zu gedanklicher Klarheit und präzisen Formulierungen,
- dokumentiert geleistete und nicht-geleistete Arbeit,
- fördert die Konzentration auf vorgenommene Arbeit und hilft Ablenkungen zu vermeiden,
- sorgt dafür, dass Ziele, Aufgaben und Aktivitäten nicht vergessen werden,
- ermöglicht aktive Selbst- und Erfolgskontrollen,
- hilft Zeitbedürfnisse besser einschätzen zu lernen und
- trägt zur Selbstmotivierung bei.

Je weniger Zeit ich habe, desto besser muss ich mich im Umgang mit meiner *Zeit* organisieren und strukturieren.

Planungsinstrumente wie z. B. der berufsbezogene »SystemPlaner für Lehre und Unterricht« (unter www.timetex.de), der verschiedene Kalendarien, Tages- bzw. Wochenpläne, Übersichten, Protokollformulare, Schülerlisten usw. enthält, oder mehr berufübergreifende Zeitplanbücher wie u. a. die von »Time/system«, »tempus«, »Chronoplan« oder »Time-Manager«, die im für uns günstigen Din-A 5 Format angeboten werden, sind in guten Qualitäten ebenso wie PC-Programme und PDAs

(Personal Digital Assistants/Palms) zu erwerben. (Auflistungen mit Herstellernachweis, Test-Beurteilungen und Preisangaben unter www.ORG-online.de)

Sowohl systematische und konvergente als auch spontane bzw. divergente Planerinnen und Planer finden heute ihre jeweils angemessenen Möglichkeiten, sich Übersicht über die zu leistenden Aufgaben zu verschaffen und die entsprechenden Werkzeuge zu nutzen, die ihrer jeweils individuellen Herangehensweise entspricht.

» Mehr Klarheit darüber, welcher Zeitplanungs- und Organisationstyp Sie sind und ob Ihnen eher ein Planungs-System auf Papier oder per elektronischem Begleiter liegt, können Sie mithilfe von Selbsttests unter www.timesystem.de in Erfahrung bringen.

> »Gegenüber der Fähigkeit, die Arbeit eines einzigen Tages sinnvoll zu ordnen, ist alles andere ein Kinderspiel.«
> (J. W. von Goethe)

## Die ALPEN-Methode

Für eine praktikable und sinnvolle Vorgehensweise will ich hier die **ALPEN**-Methode darstellen, die die Abfolge von fünf Schritten für eine reflexive zukunftsgerichtete Tagesarbeitsplanung vorsieht:

1. **A**ufgaben schriftlich zusammenstellen: Heute Abend für morgen früh.
2. **L**änge für die Tätigkeiten abschätzen und schriftlich vermerken.
3. **P**ufferzeiten einplanen: 60 % der Arbeitszeit verplanen, 40 % unverplant belassen.
4. **E**ntscheidungen über Prioritäten treffen: Was ist besonders dringlich? – Welche ungestörten Zeitblöcke benötige ich für Wichtiges?
5. **N**otizen machen: Prinzip der Schriftlichkeit für Reflexion und Kontrolle über Erledigtes und nicht erledigte Aufgaben.

Die **Tagesplanung** stellt einen gut überschaubaren Rahmen dar, in dem ich versuchen kann, Sicherheit und Klarheit für mein eigenes Handeln zu erzeugen; auch wenn im aktuellen Tagesgeschehen wieder einiges über den Haufen geworfen werden könnte. An diesem Zeitpunkt des *Jetzt* muss ich mir die Fragen stellen: »Für was entscheide ich mich jetzt, was ich morgen tun will? – Und an was orientiere ich mich dabei? – Was ist *Jetzt* das Richtige, das ich *richtig* tun sollte?« – Dabei ist besonders die Kraft gefordert, zwischen konkurrierenden Rollen, Erwartungen und Zielen zu entscheiden.

Nicht zuletzt nach der schriftlichen Fixierung unserer Ziele wissen wir, welche Aufgaben oberste Priorität besitzen. – Doch für die einzelnen Vorgehensschritte, die für das Erreichen der Ziele notwendig sind, müssen wir über die zeitliche Anordnung entscheiden: »Wann bearbeite ich was?«

Seit der Visualisierung unserer Wunsch- und Handlungsziele ist uns bewusst, wo unsere wirklich wichtigen Aufgaben sind, die wir mithilfe eines verbesserten Selbstmanagements zielstrebig angehen wollen. Aber ein anderer Teil unserer Aufgaben hat mitunter gar nichts mit unseren Zielen zu tun, sondern entsteht aus dem Tagesgeschäft heraus und will ebenfalls erledigt werden.

Die richtige und umsichtige Planung jedes einzelnen Tages ist nach meinen Erfahrungen der erste wichtige Schritt zum Umgang mit Zeitplänen:
- Der Tag ist die kleinste überschaubare Einheit einer systematischen Zeitplanung.
- Mit kleinen Trainingseinheiten, die ich routiniert und ritualisiert beherrsche, kann ich eher Erfolge erzielen und meine Motivation sichern, als mit einem großen Ding, das mir auf den Fuß fällt.
- Ich kann jeden Tag neu beginnen, wenn ein Tag nicht erfolgreich gelaufen ist.
- Wenn ich meine Tagesabläufe durch Planung im Griff habe, werde ich auch längere Perioden wie Wochen-, Monats- und Jahrespläne in den Griff bekommen.

(in Anlehnung an: Lothar Seiwert, 2004)

Dabei ist es Ihnen überlassen, ob Sie als linearer oder konvergenter  Arbeitstyp ein vorstrukturiertes Arbeitsblatt nutzen …

# Aktivitäten planen

| Tagesplanung für: | | | |
|---|---|---|---|
| *Donnerstag 17.9.* | | | |
| Aufgaben | Priorität | Zeitbed. | ✓ |
| *Konferenzplanung* *fertig stellen* | | 2 Std | |
| *Antrag für Fachraum-* *ausstattung TG* | | 30 min | |
| *Unt. vorbereiten* | | 20 min | |
| *Beschwerde vs Koll.* *z. bearbeiten* | | 1 Std | |
| *inform. Info-aufnahme* *Konferenz-Projekt* | | 20 min | |
| *Baumstumpf ausroden* | | 3 Std | |
| *Laptop formatieren* | | 2 Std | |
| Tagesziel | | | |
| *Ich genieße meine Frischluftpause* *für mich allein …* | | | |

✉ ☎ Kontakte

| | | | |
|---|---|---|---|
| x | *Sven F. wg. Klönabend* | | |
| x | *Fa. Schulz wg. Videorep.* | | |
| x | *Schulamt wg. Haushalt* *betr. Tg-Raum* | | |
| x | *Best. Druckpapier Fa.* *Karl Weber → Sonderposten* | | |
| x | *Bez.-rg. wg. Feuerwehr-* *Kraft ab 12.10.* | | |

*Abb. 6: Verändertes Formblatt nach Seiwert (2004), S. 39*

**Aktivitäten planen** 37

| Zeit | Termine | erledigt |
|---|---|---|
| | | |
| 08 | *Stille Stunde* | |
| 09 | *– Pause –* | |
| 10 | *Elterngespräch* | |
| | *Fam. K.* | |
| 11 35 | *Unterricht 10 b* | |
| 12 20 | *Lehrerzimmer* | |
| 12 35 | *Telefonat* | |
| 13 | *Post erledigen* | |
| | *– Pause –* | |
| 14 | *AG* | |
| 15 30 | *Stille Stunde* | |
| 16 | *Planung/Reflexion* | |
| | *Teatime* | |
| 17 30 | *Sporthalle* | |
| 18 | | |
| 19 | *Garten* | |
| 20 | | |
| 21 | | |
| 22 | | |
| | | |
| | | |

Kommentar (+/–)

## Aktivitäten planen

⭐ ... ob Sie als bildhaft gesteuerter oder divergenter Arbeitstyp mit Mindmaps arbeiten ...

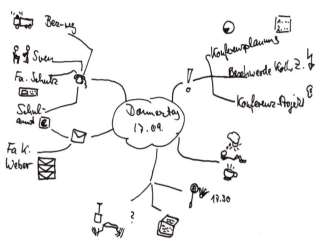

*Abb. 7: Mindmap nach Seiwert u. a. (2002)*

... oder ob Sie lieber mit »formlosen« Listen oder Zetteln umgehen.

🚫 Wichtig ist es in jedem Fall, dass Sie ...
- kennzeichnen, was unbedingt erledigt werden muss;
- fixe Termine ausweisen;
- den Tagesablauf strukturieren (entweder nach der Uhrzeit, oder nach Vormittag, Nachmittag, Abend);
- eine Reihenfolge der zu erledigenden Aufgaben bedenken nach dem Motto: »Was soll wann bearbeitet werden?«;
- sich zeitliche Handlungsspielräume lassen und großzügig planen, damit Sie nicht unter Druck geraten, wenn etwas Unvorhergesehenes dazwischen kommt;
- darauf achten, dass Ihr Zeitplan nicht zu voll wird und Sie nicht der Fehleinschätzung und dem Selbstbetrug erliegen, dass viele Termine und Aufgaben wichtig machen;
- bedenken, dass Sie Zeitpläne ändern können;
- Ihre Zeiteinschätzung für geplante Tätigkeiten mit der tatsächlich benötigten Zeit abgleichen und Ihr Gefühl für realistische Zeitbudgets

entwickeln ... – oft wird eben so viel Zeit für eine Aufgabe »benötigt«, wie halt Zeit zur Verfügung steht ...;
- wissen, dass Sie konzentrierter und konsequenter arbeiten, wenn Sie sich für eine bestimmte Aufgabe einen begrenzten Zeitraum vorgegeben haben;
- sich den Schneid bewahren, »... dass nicht der Zeitplan Ihr Leben bestimmt, sondern dass Sie (selbst-) bewusst über die Dinge und die Zeit bestimmen und Sie sich dadurch Ihre Gelassenheit und innere Ausgeglichenheit bewahren.« (Ilse Plattner, 1992)

➡ siehe Formblatt Monatsplanung Kap. 8 S. 101.

## Das Pareto-Prinzip

Vilfredo Pareto (1848 – 1923), italienischer Nationalökonom und Soziologe, entwickelte anhand vielfältiger statistischer Untersuchungen die nach ihm benannte »20 : 80-Regel«: Pareto stellte z. B. fest, dass 20 % der Bevölkerung 80 % des Volksvermögens besaßen ... und diese Beziehungsgröße konnte in der Folgezeit auf viele andere Lebensbereiche übertragen werden wie etwa:
- 20 % der Zeitungstexte enthalten 80 % der wichtigen Nachrichten;
- 20 % der Lehrkräfte einer Schule sorgen für 80 % der Beschwerden;
- 20 % der Kunden erbringen 80 % des Umsatzes eines Unternehmens;
- 20 % der Besprechungszeiten bringen 80 % der wichtigen Beschlüsse und Entscheidungen;
- 20 % der effizienten Schreibtischarbeit erbringen 80 % des Arbeitserfolges;
- 20 % der Schülerinnen und Schüler sorgen für 80 % der guten und besseren Gelingensstatistik des Unterrichts;
- 20 % des Schulprogramms sorgen für 80 % des Schülerzulaufs;
- 20 % der Wörter eines Textes – nämlich die Nomen – transportieren 80 % der wichtigen Informationen;
- 20 % unserer Beziehungen bescheren uns 80 % unseres persönlichen Glücks und unseres Wohlbefindens ...

und daraus lässt sich schließen, dass wir **mit 20 % unserer strategisch richtig eingesetzten Zeit und Energie 80 % unseres Arbeitsergebnisses erbringen könnten bzw. 80 % mehr Effektivität erzielen könnten.**

Das heißt für meine *Zeit-* und *Selbstorganisation*, dass ich mit einem verhältnismäßig geringen Aufwand an Zeit das Gros meiner Ergebnisse erreichen könnte, wenn ich mich auf wenige wichtige Aktivitäten konzentriere, statt mich um viele relativ nebensächliche Probleme und Aufgaben zu kümmern. – Und die mir dann verbleibende Zeit könnte ich sinnvoll zur Pflege von Beziehungen, mit anregenden Gesprächspartnern und -partnerinnen, für Muße und für die Beschäftigung mit Dingen einsetzen, die ich schon immer gern tun wollte, zu denen ich aber immer nicht gekommen bin, weil ...

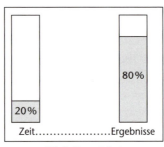

*Abb. 8: Pareto-Prinzip*

Versuchen Sie selbst einmal, dieses Pareto-Prinzip in Bezug auf Ihre Tätigkeiten anzuwenden: Schreiben Sie dazu alle Tätigkeiten in Ihrem Forscher-Tagebuch auf, die Sie an einem Tag erledigt haben; vom Aufstehen bis zum Schlafengehen; und zwar alle und nicht nur die, bei denen Sie davon ausgehen, dass sie ein positives Image haben. – Stellen Sie anschließend fest, welche Ihrer Aktivitäten in direktem Zusammenhang mit Ihren Zielen und Schlüsselverantwortlichkeiten stehen und welche von diesen zu den obersten 20 % der Aufgaben gehören, aus denen die 80 % Ihrer zufriedenstellenden Ergebnisse und persönlichen Erfolgserlebnisse stammen.

 Wir glauben in unseren Alltagsannahmen, dass zwischen dem Aufwand, den wir beim Arbeiten betreiben, und den Ergebnissen, die wir damit erzielen, ein proportionales Verhältnis besteht. Im rechten Licht betrachtet ist dieser **Trugschluss** auf unsere emotionalen und mentalen Bedürfnisse zurückzuführen, zumindest vor uns selbst erfolgreich zu sein, nicht über unsere Unzulänglichkeiten zu verzweifeln und gut dazustehen. Im Zusammenhang mit einer entwickelten Selbsterkenntnis kann das Pareto-Instrument gute Impulse für die Umsetzung unseres Veränderungswunsches im *Umgang mit unserer Zeit* liefern; denn wie sagte einst Winston Churchill:

**»Der wichtigste Aspekt des Lernens ist der Appetit auf Neues.«**

# 4. Entscheidungen treffen – wenn ich nicht will, dass andere über mich verfügen

Besonders in Zeiten, in denen Verpflichtungen und Anforderungen sich häufen, kommt das Gefühl eines schier unüberwindlichen Arbeitsberges auf. – Und ich weiß morgens schon, dass abends das Empfinden »mal wieder gar nichts geschafft« zu haben, »mal wieder zu nichts gekommen« zu sein, die notwendige Nachtruhe stören wird. Möglicherweise haben Sie auch tatsächlich keine Aufgabe zuende gebracht, weil der Berg zu erledigender Sachen keine Ruhe gelassen hat und alles gleichzeitig erledigt werden sollte.

Um diesen Situationen entgegenzuwirken und mit Aussicht auf mehr Selbstzufriedenheit im Umgang mit Ihrer *Zeit*, sollten Sie sich bei der Entscheidung vor- und nachrangig zu bearbeitender Dinge im aktuellen Tagesgeschehen die folgenden Fragen stellen:
- Wie wichtig ist es, **dass** ich es jetzt erledige?
- Was kann ich noch aufschieben?
- Was passiert, wenn ich es später mache?
- Wie wichtig ist es **mir**, dass ich es **jetzt** mache?

Aber auch:
- Wie wichtig ist es mir, dass es **besonders gut** wird?
- Reicht es **mir**, so wie es jetzt ist?

In seinem bereits legendären Roman »Die Entdeckung der Langsamkeit« schreibt Sten Nadolny:

»Ich bin der Kommandant und lasse daran nie Zweifel, vor allem nicht bei mir selbst. Meiner Geschwindigkeit müssen sich, weil sie die langsamste ist, alle anderen anpassen. Erst wenn in diesem Punkt Respekt geschaffen ist, können Sicherheit und Aufmerksamkeit einkehren. Ich bin mir selbst ein Freund. Ich nehme ernst, was ich denke und empfinde. Die Zeit, die ich dafür brauche, ist nie vertan. Dasselbe gestehe ich auch den anderen zu. Ungeduld und Angst werden nach Möglichkeit ignoriert. Panik ist streng verboten. Bei Schiffbruch müssen zuerst gerettet werden: Karten, Beobachtungen und Berichte, Bilder. Die langsame Arbeit ist die wichtigere. Alle normalen, schnellen Entscheidungen trifft der erste Offizier. (…) Sah er ein Problem genau an und schloss die Augen, um darüber nachzudenken, so wurde es unterdessen flugs ein anderes. Wenn er sie wieder öffnete, flatterte das alte noch unerledigt herum und ließ sich nicht einfangen, dafür stand das neue da und glotzte drohend. Er musste schnellstens für langsamere Tagesordnungen sorgen, am besten dadurch, dass er alle Sitzungen öffentlich abhielt.« (Sten Nadolny, 1983)

Es geht darum, wie ich meine Angelegenheiten unter Kontrolle behalte, mir Zeit nehme für eine angemessene Reflexion der zu erledigenden Aufgaben und dann die **Entscheidung für das Richtige** unter der Vielzahl der Handlungsmöglichkeiten treffe, anstatt impulsive Beschlüsse aus dem Stehgreif und der Not der Situation heraus zu fassen und wieder einmal in die Hektik-Falle zu tappen, »... dass derjenige, der am lautesten schreit oder am einflussreichsten ist, am ehesten bedient wird – und sei es nur, um ihn zur Ruhe zu bringen.« (Anita u. Klaus Bischof, 2001) – Die Entscheidung für das Richtige bestimmt mein Erfolgsgefühl und meine Zufriedenheit mit mir und meiner Arbeit wesentlich mehr, als irgendetwas ohne großes Gewicht zu erledigen:

> **»Die Bedeutung oder Wichtigkeit einer Tätigkeit hängt ab von Ihren eigenen Zielen bzw. von der Funktion für die Ihnen übertragenen Aufgaben oder übernommenen Pflichten.«**
> (Heinz Hütter, 2002)

Das heißt: Ich arbeite dann **effektiv**, wenn die Aspekte des Nutzens meines Tuns mit meiner persönlichen Zielorientierung neben der immanenten Zweckerreichung und der Erfolgsorientierung die erste Geige spielen. Und es geht darum, einen wirksamen Filter für mein »Wichtiges und nicht so Wichtiges« zu installieren, um anschließend den Fragen nach der Effizienz meines Handelns nachzugehen, dem Einsatz meiner Mittel und Möglichkeiten und dem Aufwand an Zeit in Bezug auf den Ertrag, das Ergebnis meiner Anstrengungen; also ob ich das Richtige auch richtig tue.

Auf Ihrem Weg zum effizienten Selbstmanager bzw. zur selbst-bewussten Zeitmanagerin sind Sie sich in Kapitel 2 darüber klar geworden, welche Ziele und Aufgaben Sie in den Mittelpunkt Ihres Lebens stellen wollen – und Sie haben sie durch das Setzen von Prioritäten in eine für Sie plausible Wertungsfolge gebracht ...

**Überprüfen Sie jetzt** Ihre Entscheidungen noch einmal unter den folgenden Gesichtspunkten:

Die Entscheidung, **was im Leben Priorität hat**, ist eine der schwierigsten. Hinter den Fragen **»Wo möchte ich in fünf bzw. zehn Jahren** stehen? – **Was möchte ich am Ende meines Lebens erreicht haben?«** verbergen sich **Stolperfallen**. – Viele lassen sich davon leiten, was sie erreichen **sollen – weil es andere so wünschen**. – Hier gilt der Appell an die Offenheit und Ehrlichkeit sich selbst gegenüber; denn es sind nicht die Erwartungen Ihrer Ehepartnerin oder Ihres Lebenspartners, Ihrer Vorgesetzten, der Kinder, Ihrer Mitarbeiter und Mitarbeiterinnen oder Ihrer Freunde und Freundinnen, die Sie aufzeichnen sollen! (Lothar Seiwert u. a., 2002)

Ein kleiner Hinweis am Rande: Wenn Sie Ihre Ziel-Wegweiser unter diesem Aspekt der möglichen Fremdbestimmung erneut durchlesen, dann erhöhen Sie die Chance, sie sicherer in Ihrem Langzeitgedächtnis abzusichern; denn Lernstoff muss siebenmal und möglichst auf unterschiedliche Weise durch die grauen Zellen bewegt werden, damit er sitzt …

## Die Covey-Quadranten

Der international hoch geachtete Management- und Unternehmensberater Stephen Covey hat eine Matrix entwickelt, die eine nahezu allgemein gültige Beschreibung des Tagesgeschäfts von Führungskräften in Unternehmen – zu denen neuerdings auch Schulen unbestritten zählen – abbildet. Ihm ist es gelungen durch die Einteilung nach »wichtig« und »dringend« unseren vielfältigen Tätigkeiten eine Struktur zu geben, mit deren Hilfe es gelingen kann, Orientierungspunkte für die **persönliche Prioritätensetzung** zu finden:

|  | dringend | Nicht dringend |
|---|---|---|
| **W I C H T I G** | **I**<br>*Tätigkeiten:*<br>Krisen, dringliche Probleme, Projekte mit anstehendem Abgabetermin, kurzfristige Planung<br>*Ergebnisse:*<br>Stress, Krisenmanagement, immer am Feuerlöschen | **II**<br>*Tätigkeiten:*<br>Vorbeugung, Krisenprävention, Beziehungsarbeit, Werte klären, neue Möglichkeiten erkennen, mittel- und langfristige Planung, Erholung, Weiterbildung<br>*Ergebnisse:*<br>Vision, Disziplin, Kontrolle, Ausgewogenheit |
| **N I C H T   W I C H T I G** | **III**<br>*Tätigkeiten:*<br>Viele Unterbrechungen und Störungen, manche Post, einige Berichte, einige Konferenzen und Besprechungen, viele unmittelbar dringliche Angelegenheiten, Kalenderkomplex, bestimmte Telefonate<br>*Ergebnisse:*<br>kurzfristige Orientierung, Krisenmanagement, fühlt sich als Opfer | **IV**<br>*Tätigkeiten:*<br>Triviale Geschäftigkeiten, manche Post und Telefonate, einige Anrufe, Zeitdiebe, manche Besprechungen<br>*Ergebnisse:*<br>Abhängigkeit von anderen, Verantwortungslosigkeit |

*Abb. 9: Zeit-Management-Matrix*
*(in Anlehnung an Stephen Covey, 1997)*

Die einzelnen Tätigkeiten und Handlungsbereiche sind durch die Merkmale »wichtig«, »nicht wichtig«, »dringend« und »nicht dringend« bestimmt:

- Als **dringend und wichtig** sind die Tätigkeiten zu verstehen, die uns zu sofortigem Handeln fordern, die unmittelbar auf uns ein-dringen, unsere direkte Aufmerksamkeit verlangen. Hier zeigt sich die Führungskraft im Stress, oft ist Hektik angesagt, vieles wird von außen herangetragen durch Beschwerden, Anrufe und sofortigen Entscheidungsbedarf von wem auch immer; und es gibt das Gefühl des ständigen »Feuerlöschens« und der permanenten Krisenbewältigung bis hin zur Überforderung.

## Entscheidungen treffen 45

- Als **dringend aber nicht wichtig** sind Tätigkeiten gemeint, mit denen wir »gern« unsere Zeit verbringen wie bestimmte Telefonate, die wir führen; oder Besprechungen, die anberaumt werden »… weil es mal wieder Zeit ist«; Störungen, denen wir »gern« nachgeben; Ablenkungen, die wir »gern« zulassen; … Aktivitäten eben auf sogenannten »Nebenschauplätzen«. – Hier kommt das Gefühl des »Opferlamms« auf, das im Rahmen kurzfristiger Orientierung bloß reagiert.
- Unter **nicht wichtig und nicht dringend** fallen triviale Geschäftigkeiten wie zielloses Surfen im Internet, das wiederholte Lesen der Tageszeitung, das Blättern in belanglosen Papieren, manche abschweifende Korrespondenz, banale Gespräche um des Redens Willen und sonstige Zeitverschwendungen, mit denen wir versucht sind, Zeit totzuschlagen …
- Quadrant II umfasst die Tätigkeiten, die als **wichtig aber nicht als dringend** beschrieben werden. Dazu gehören Aufgaben, die im Bereich der mittel- und langfristigen Planung zu klären sind im Hinblick Ihrer persönlichen Ziele; Pflege der wichtigen Beziehungen und Aktivitäten der physischen Fitness und Psychohygiene; Entwicklung von Konzepten zur Krisenprävention und des »Vorbereitet-Seins« …

»Wichtig« bedeutet in diesem Zusammenhang, dass die Aufgaben, die ich wahrnehme und aktiv verfolge, mit meinen Zielen und meiner Funktion verknüpft sind. Der Zeitpunkt der Erledigung ist dabei abhängig von der Dringlichkeit. »Dringend« bezieht sich dabei auf den Zeithorizont, unter dem die Aufgabe bearbeitet werden muss. Dabei muss ich beachten, dass nicht alle dringenden Sachen nur weil sie mir auf den ersten Blick so erscheinen oder angetragen werden auch gleichzeitig wichtig sind! – Wenn allerdings etwas wichtig ist, dann unter der Prämisse, dass es zum Erreichen eines meiner Ziele nötig ist und dass ich damit einem mir wichtigen Wert, einer Lebensaussage und somit einer Priorität näher komme. (Angelika Gassmann, 2000)

Versuchen Sie, Ihr alltägliches Tun unter Berücksichtigung der Menge Ihrer Aktivitäten in die vier Quadranten aufzuteilen, indem Sie das Schema auf die nächste Seite Ihrer Selbsterforschungs-Kladde übertragen. Schreiben Sie dann aus der Distanz der Adlerperspektive in allen Einzelheiten das in die jeweiligen Felder, womit Sie gestern beschäftigt waren. Halten Sie sich dabei an die vorgestellte Matrix. Dabei kann

Ihre ehrliche und selbstkritische Einschätzung ein wichtiger Schritt zu einer nachhaltigen Verhaltensänderung sein …

Nach meinen Beobachtungen hat die Auseinandersetzung mit den Covey-Quadranten vielen Teilnehmerinnen und Teilnehmern von Trainingsseminaren zu »Aha-Erlebnissen« verholfen und den Blick für das geweitet, was für eine **Führungskraft** in der Tat **wichtig** ist und für das Priorisierungs-Schema ihrer Aufgaben **grundlegende Bedeutung** hat. – Für viele bedeutet dies auch, Abschied zu nehmen vom »immer und überall«; denn Desorganisierte halten meist alle ihre Aktivitäten für irgendwie wichtig, weil sie sich gerne mit unterschiedlichen Aufgaben zugleich beschäftigen und sich nicht auf eine Sache konzentrieren wollen, weil sie befürchten, dass sie etwas verpassen könnten …

Leider ist es in der Praxis noch viel zu häufig, dass sich Führungskräfte in der Schule und in der Schulverwaltung – die ich als durchweg tüchtig schätze – vorrangig mit Dringlichem beschäftigen und sich in wenig wichtige und nicht dringliche Aktivitäten flüchten. Sie erleben das Tagesgeschäft in einem Panzer dringender Krisenbewältigungen, wachsendem Stress und nicht abreißenden Folgen umgehender Problembearbeitung höchster Prioritäten, die die Terminkalender beherrschen. Und nach eigenen Einschätzungen verbleibt ihnen nicht genügend Zeit zur Krisen-Prävention und zur Eindämmung hausgemachter Probleme.

Um sich aus dem Dilemma dieses weit verbreiteten Ist-Zustands zu befreien ist es notwendig, den Blick auf proaktives Handeln mithilfe von Wochen- und Monatsplanung zu richten und zu antizipieren, was es an **wichtigen** Dingen zu tun gibt, nicht an dringlichen: »Wenn Sie sich also auf die wichtigen und nicht dringlichen Dinge des Quadranten II fokussieren, dann machen Sie einen Quantensprung in ihrer persönlichen und organisatorischen Effektivität … Die Weisheit, die in der Unterscheidung von wichtig und dringlich steckt, führt zu einer inneren Gelassenheit und in der Folge zum verändern zeitfressender Gewohnheiten.« (Fischer u. Schratz, 1993)

Wenn ich nicht will, dass andere über mich und meine Zeit verfügen, dann komme ich nicht darum herum, **meine** Prioritäten zu setzen im Einklang mit **meinen** Zielen; denn wie der Organisationsberater Reinhard Sprenger ausdrücklich statuiert:

> **»Nicht das Ziel macht die Reise notwendig,
> sondern das Reisen macht das Ziel möglich.«**

## Das Eisenhower-Prinzip

Geht es um die Entscheidung, die Erledigung der Aufgaben eines Tages oder einer Woche in eine **angemessene Reihenfolge** im Zeitplaner, in der Mindmap oder im Zettelsystem zu bringen, dann kann das bekannte »Eisenhower-Prinzip« als Planungsinstrument gute Dienste leisten. Dieses Entscheidungsraster bietet vier Möglichkeiten der Bewertung von Tätigkeiten in der Kategorisierung **von A bis D** an.

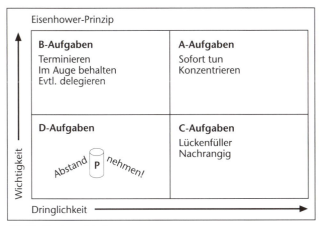

*Abb. 10: Eisenhower-Prinzip*

- **A-Aufgaben** sind die Tätigkeiten, die aus Ihrer Sicht sowohl wichtig als auch dringend sind und von Ihnen direkt und persönlich in Angriff genommen und initiiert werden müssen. Sie sind auf Ihre Ziele bezogen und es geht dabei um bedeutsame Ergebnisse Ihrer Arbeit. Diese **»Muss-Aufgaben«** haben oberste Priorität für Ihren Energie- und Zeiteinsatz. Unter der Prämisse **»Nur ich selbst** kann diese Dinge erledigen.« gilt es, sich auf sie zu **konzentrieren**.
- **B-Aufgaben** sind als sogenannte **»Soll-Aufgaben«** besonders wichtig, aber noch nicht dringend. Sie sollten daran arbeiten und die endgültige Fertigstellung terminlich im Blick behalten. Für diese Aufgaben können Sie auch in Erwägung ziehen, sie an kompetente Mitarbeiter oder Mitarbeiterinnen abzugeben.
- **C-Aufgaben** sind dringend – oder werden von anderen dringend gemacht – aber sie sind für Sie nicht wichtig, weil sie mit Ihren

vornehmlichen Zielsetzungen so gar nicht übereinstimmen. Sie sollten sich davon entlasten, sie delegieren und andere damit betrauen. Es sind **»Kann-Aufgaben«**, die den größten Anteil an der Menge der Arbeit haben: Papierkram, Telefonieren, Akten, Korrespondenz und andere Verwaltungsarbeiten. – Kleinkram und Routinearbeiten, die unbedingt entrümpelt und delegiert werden müssen (Sekretariat, fähige Lehrkräfte, Familienmitglieder usw.); hier können auch Rationalisierungsmaßnahmen Abhilfe schaffen. – Aber wenn es gar nicht anders geht, dann erledigen Sie sie zwischendurch.

- **D-Aufgaben** sind die, die Sie weder als dringend noch als wichtig einschätzen. Sie erledigen sie, wenn Sie wirklich nichts anderes zu tun haben. Ansonsten nehmen Sie unbedingt Abstand davon, sich mit diesen Dingen zu beschäftigen und ordnen Sie sie der **Ablage »P«** wie Papierkorb zu.

Bei der Definition der vier Kategorien gibt es regelmäßig **Irritationen** – insbesondere bezüglich der A- und B-Aufgaben. Allzu oft passiert es, dass wir Arbeiten sofort erledigen, die uns von außen als »eilig« angetragen werden. – Erst beim genaueren Hinsehen entpuppen sich diese Aufgaben als für uns unwichtig oder aber zum Beispiel an das Sekretariat delegierbar. – »Wichtig« bedeutet in diesem Zusammenhang insbesondere für die Rolle in der Schule, dass die Aufgaben unmittelbar mit meinen Zielen und meiner Funktion des Leitens und Führens in der Schule verknüpft sind. Der Zeitpunkt der Erledigung ist dabei abhängig von der Dringlichkeit. – »Dringend« heißt, dass die Arbeit sofort erledigt werden muss und entsprechend der Wichtigkeit entweder von mir oder auch von anderen. – Und über die Wichtigkeit bestimmen **allein Sie!** Das gilt nicht nur für die beruflich zu verwendende Zeit, sondern auch in besonderem Maße für Familie, Lebenspartner und alle anderen außerschulischen Interessen:

**Die Prioritätensetzung unterliegt allein Ihren Entscheidungen!**

Beachten Sie dabei, erst die wenigen Dinge zu erledigen, die sich wirklich lohnen. Nehmen Sie dabei ruhig in Kauf, dass möglicherweise viele Aufgaben zunächst übrig bleiben, die weniger wichtig sind. Achten Sie auf die verfügbare Zeit. Überschätzen Sie Ihr Pensum und nehmen sich zu viele »eigentlich wichtige« Tätigkeiten vor, laufen Sie Gefahr, wieder einmal nicht alles geschafft zu haben … Überdenken Sie auch, in welcher Perfektion die Arbeiten durchzuführen sind. Folgt man dem Pareto-Prinzip, so sind 20 % des Aufwandes für die absolut perfekte Ausführung einer Aufgabe ausreichend, um 80 % der mit dieser Arbeit angestrebten Wirkung zu erzielen. Möchte ich aber auch unbedingt die restlichen 20 % der Wirkung erreichen, müsste ich noch 80 % des möglichen Gesamtaufwands investieren. – Lohnt sich der Energieeinsatz für ein so ungünstiges Aufwand-Nutzen-Verhältnis? (Klaus Schaefer, 1985)

Auch hier gilt:

### Perfektionismus ist unökonomisch.

Nach dem »Eisenhower-Prinzip« können Sie unter Berücksichtigung der Covey-Quadranten Ihre Aktivitäten ordnen und erkennen die wichtigsten Aufgaben, können Arbeiten konsequent delegieren, binden Mitarbeiter ein und entlasten sich.

Nehmen Sie sich hier die Zeit, Ihre A-B-C-Prioritäten in Ihr Zeitplanungsformular, Ihre Mindmap oder Ihr Zettelsystem einzutragen. Zu Übungszwecken eignet sich auch die Rückbesinnung auf die Musterplanung, die Sie im vorangegangenen Kapitel für sich dokumentiert hatten. – Und wer effizienter »rechtshirnig« vorgeht, kann die Klassifizierung auch nach eigenem Dafürhalten »tierisch« (Löwen-, Bienen-, Maulwurfs-, Fliegen-Aufgaben o. ä.) oder lieber »blumig« (Rosen-, Schneeglöckchen-, Fleißiges-Lieschen-, Anturien-Aufgaben o. ä.) oder auch einfach mit Farben wie zum Beispiel rot, blau, grün, gelb o. ä. gestalten. Je nach dem, für welche der vier Bedeutungen die Bilder aus Ihrer Sicht in diesem Kontext stehen können …

Sicherlich müssen Sie nicht lange überlegen, welche Aufgaben von höchster Wichtigkeit sind. Entschieden werden muss aber auch über die zeitliche Abfolge der Erledigung: Wann erledige ich was? – Das gleiche gilt für die Vielzahl von Anforderungen, die zwar weniger wichtig sind, die aber ebenfalls erledigt werden müssen. – Hinzu kommt die Entscheidung, wann eine Aufgabe qualitativ ausreichend erledigt ist.

Vertrauen Sie auf Ihre eigene Beurteilung oder holen Sie sich eine Rückmeldung von einer Person Ihres Vertrauens oder auch von jemandem, der oder die mit Schule überhaupt nichts zu tun hat und denken Sie nicht in erster Linie daran, was andere davon halten bzw. dass andere es besser können (Punkt 6 des Regelkreises!). Verlassen Sie sich auf Ihr Gespür, das aufgrund Ihrer Erfahrungen sehr zuverlässig ist bei der Entscheidung wann etwas »gut genug« ist. Bei vielen ist die bereits oben genannte negative Selbsteinschätzung dafür verantwortlich, auch dann noch nach Fehlern zu suchen, wenn eine Aufgabe an sich bereits »perfekt« gelöst ist. Dadurch verstreicht viel *Zeit*, die besser genutzt werden kann.

Vielleicht finden Sie ja auch heraus, dass zur Frage »Wann erledige **ich** was?« die Alternative »**Wer** kann **was** erledigen?« günstige Ansätze zur Bewältigung problemhafter oder zeitintensiver und weniger wichtiger Angelegenheiten bietet und Ihr Delegationsgeschick fördert ...

Entscheidungen zu treffen hat sowohl mit rationalen Überlegungen als auch mit emotionalen, intuitiven Empfindungen zu tun. Dabei ist es wichtig zu wissen, dass es zwischen den **bewussten Denkprozessen** und den **Prozessen im emotionalen Erfahrungsgedächtnis** Unterschiede in Hinsicht auf deren Arbeitsweise gibt:
- Denjenigen Gebieten unseres Gehirns, die für die vernünftigen Denkvorgänge zuständig sind, steht relativ wenig Arbeitsspeicher zur Verfügung. Sie funktionieren langsam und können nur wenige Datenmengen auf einmal verarbeiten. Die Ergebnisse, die sie liefern, haben den Vorteil, dass sie äußerst präzise und sehr detailliert sind.
- Dem emotionalen Erfahrungsgedächtnis steht ein sehr großer Arbeitsspeicher zur Verfügung, der in kurzer Zeit sehr große Datenmengen verarbeiten und die Auswertung einer Sachlage sehr schnell liefern kann. – Allerdings sind die Ergebnisse diffus und detailarm und man hat nur »irgendwie so ein Gefühl« ...

Beide Systeme, das **Bewusstsein** und das **Unterbewusstsein,** sind **gemeinsam** mit der Entscheidungsfindung betraut, auch wenn wir – wie allgemein üblich – davon überzeugt sind, nur mit dem »reinen Verstand« vorgegangen zu sein. Diese Erkenntnis hat sich ihre Akzeptanz in der modernen Gehirnforschung und durch Forschungsergebnisse der Persönlichkeitspsychologie verdient. Dabei macht sich das Unterbewusstsein in einer entscheidungsträchtigen Situation als erstes bemerkbar durch sogenannte »somatische Marker«: Schmetterlinge im Bauch, zitternde Knie, Kribbeln im Magen, Druck im Nacken, Engegefühl in der Brust, ein Körpergefühl voller Energie und Tatendrang u. v. m. Die Ausprägung, mit der diese Marker auftreten und von uns wahrgenommen werden, ist individuell verschieden und von Anlagen und Gelerntem abhängig – genau so wie das bewusste Denken, das die Entscheidungssituation nachfolgend analysiert und sich wissentlich mit Abwägeprozessen zum Tun oder Lassen, mit dem Ja oder Nein beschäftigt. Und im besten Falle entsteht der entschiedene Impuls zum Handeln dann, wenn die denkbaren Überlegungen das entscheidende Signal aus dem emotionalen Erfahrungsgedächtnis bekommen haben: **»Klug entscheiden heißt: Inhalte aus dem emotionalen Erfahrungsgedächtnis und bewusste Verstandestätigkeit miteinander zu koordinieren.«** (Maja Storch, 2003)

Die überwältigende Menge von Hunderten von Entscheidungen, die wir tagtäglich treffen müssen, wird von uns ganz unbewusst erledigt. Denken Sie nur daran, wie sie sich entscheiden, Ihre Tasche auf der rechten oder linken Schulter zu tragen, die Tasse mit der rechten oder linken Hand zu greifen, erst aus dem Fenster nach dem Wetter zu sehen oder ins Bad zu gehen, welchen Platz im Bus zu wählen, welche Worte zur Begrüßung der Sekretärin zu sprechen usw. Unser Bewusstsein wäre gnadenlos überfordert, über die unzähligen Vorteile der einen Möglichkeit oder die Nachteile der anderen Varianten zu befinden. Und deshalb sorgt unser Unterbewusstsein für alle diese uns banal erscheinenden Entscheidungen unter der nachgewiesenen Mitwirkung unseres phänomenalen »emotionalen Erfahrungsgedächtnisses«, das schließlich recht sicher weiß, was »*gut*« oder »*schlecht*« für uns ist ...

Entscheidungen, die wir unter **Zeitdruck** treffen mussten, haben oft einen bitteren Nachgeschmack hinterlassen. Besonders im Schulalltag entstehen immer wieder unvorhersehbare Situationen, denen wir uns auch nicht immer mit einem klugen »Das kann ich im Moment nicht entscheiden; ich rufe in einer Stunde zurück.« entziehen können. Hier haben Menschen mit einer ausgeprägten Fähigkeit zur Eigenwahrnehmung deutliche Reaktionsvorteile; denn oftmals »riechen sie den Braten« schon lange bevor die Vernunft sich regt. Für uns andere bleibt nur der Verweis auf den Covey-Quadranten II: **»Je besser Sie gelernt haben, auf Ihre somatischen Marker zu achten, desto besser wird es Ihnen gelingen, diese Informationen aus dem emotionalen Erfahrungsgedächtnis für schnelle Entscheidungen in Drucksituationen zu nutzen.«** (Maja Storch, 2003) Dann stellt sich das physiologische und psychologische Wohlbehagen ein, wenn die bewusste und unbewusste Bewertung zu übereinstimmenden Ergebnissen für eine Entscheidungstat gekommen sind. Und eine nur nach rationalen Gesichtspunkten getroffene Entscheidung wird immer wieder zu »Wenns« und »Abers« führen. Damit Sie sich auch stärker an Ihre Entscheidungen gebunden fühlen und zu ihnen stehen, ist die Übereinstimmung rationaler Überlegungen mit Ihren emotionalen Neigungen wichtig: »Bei Entscheidungen, die mit ihren Gefühlen übereinstimmen, werden Sie also den Zwiespalt von Ratio und Emotion vermeiden. Trauen Sie sich im Zweifelsfalle ruhig zu einer Entscheidung nach Ihrem spontanen Gefühl. Ein Commitment aufgrund emotionaler Entscheidungen ›aus dem Bauch‹ heraus ist in der Regel stärker als eine lediglich rationale Entscheidung – und sie muss nicht falsch sein!« (Ilse Plattner, 1992)

Wenn Sie sich jetzt bei der Klassifizierung Ihrer Tätigkeiten auf dem Tagesplanungs-Formular vornehmlich im Covey-Quadranten I wiedergefunden haben, dann kann ich Ihnen versichern, dass Sie sich in einer großen Solidargemeinschaft befinden. Dem folgenden Diagramm können Sie entnehmen, wie das Verhältnis zwischen dem **Wert der Tätigkeit** und der **Verwendung der Zeit** im alltäglichen Handeln vieler Führungskräfte aussieht:

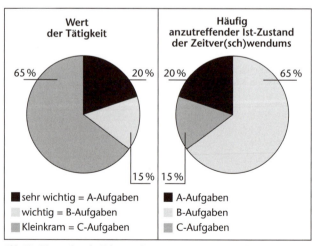

*Abb. 11: Wertanalyse der Zeitverwendung* *(Lothar Seiwert, 2004)*

## Entscheidungen treffen

In Zahlen ausgedrückt ergibt sich das folgende Bild, das den gegenwärtigen Ist-Zustand gegenüber dem erstrebens- und wünschenswerten Soll-Zustand deutlich macht:

| Aufgaben | A | B | C |
|---|---|---|---|
| Menge | 15 % | 20 % | 65 % |
| Wert | 65 % | 20 % | 15 % |
| Zeitaufwand: | | | |
| Ist | 15 % | 20 % | 65 % |
| **Soll** | **65 %** | **20 %** | **15 %** |
| | Selbst tun bzw. initieren; konzentrieren. | Delegieren möglich?! Im Auge behalten. | Delegieren! Rationalisieren, entlasten. |

*Abb. 12: Tabelle ABC-Analyse*

Für Ihre zukünftigen Planungen sollten Sie zur weiteren Entwicklung Ihrer Zeit- und Selbstmanagementkompetenzen darauf achten, etwa 65 % Ihrer **planbaren Arbeitszeit** (die Zeit der Unterrichtsverpflichtung ist davon ausgenommen) für Ihre A-Aufgaben zu verwenden, 20 % für B-Aufgaben und 15 % für C-Aufgaben. Anders ausgedrückt empfehle ich Ihnen, sich im Zeitrahmen von ca. drei Stunden täglich ein bis zwei A-Aufgaben (Covey-Quadrant II) zu widmen, sich für gut eine Stunde B-Aufgaben zuzuwenden und nicht mehr als eine Stunde mit C-Aufgaben zu verbringen. Dieser Ratschlag entspricht zwar nicht hundertprozentig den obigen Zahlenvorgaben – lässt Ihnen aber auch Spielräume und berücksichtigt Pufferzeiten für all die vielen unvorhersehbaren Zwischenfälle des Schulalltags ... Stellen Sie sich vor, wenn Sie trotz aller Widrigkeiten Ihr Tagespensum und Ihre Tagesziele erreicht und noch Zeitreserven haben – wofür und wie würden Sie diese Zeit verwenden wollen?

Vielleicht kann Ihnen Äsops **Fabel von der Gans und den goldenen Eiern** auf die Sprünge helfen:

Ein armer Bauer entdeckt eines Tages im Nest seiner Lieblingsgans ein
goldenes Ei. Er denkt zunächst, dass er sich getäuscht habe. Aber er legt das Ei nicht zur Seite, sondern lässt es schätzen. Das Ei ist aus purem

Gold. Der Bauer kann sein Glück kaum fassen. Tag für Tag wiederholt sich das Ereignis. Nach dem Aufstehen läuft er zum Nest und findet ein goldenes Ei. Er wird sagenhaft reich. Alles scheint zu schön, um wahr zu sein. Aber wie es so ist, kommen auch Ungeduld und Gier. Der Bauer, der nicht mehr jeden Tag auf sein Ei warten will, schlachtet die Gans, weil er alle Eier auf einmal haben will. Als er jedoch die Gans aufschneidet, ist sie leer. Der Bauer hat keine Gans und auch keine goldenen Eier mehr.

Die Moral »Nur wer die Gans pflegt, kann auch die goldenen Eier bekommen.« lässt sich fraglos auf unsere unterschiedlichen Lebensbereiche und Rollen übertragen; denn jeder hat etwas, das pflegebedürftig ist, oder einmal besonderer Pflege bedarf, oder wo die Pflege schon lange vernachlässigt wurde. Überlegen Sie in Ruhe für sich:

- Was sind die »Eier«, die richtig wertvoll für mich sind?
- Was sind die »Gänse«, die ich gerade »schlachte« oder vor kurzem »geschlachtet habe«?
- Was sollte ich tun, um meine »Gänse« zu pflegen?

Damit sind Sie auf Ihrem Weg der Erkenntnis zur Wiederherstellung Ihrer Lebens-Balance ein gutes Stück weiter gekommen; denn ...

> **»Der Schlüssel liegt nicht darin, Prioritäten für das zu setzen, was auf Ihrem Terminplan steht, sondern darin, Termine für Ihre Prioritäten festzusetzen.«**
> (Stephen Covey, 1997)

### Weiterführendes

*Storch, Maja: Das Geheimnis kluger Entscheidungen – Von somatischen Markern, Bauchgefühl und Überzeugungskraft; Zürich 2003*

*Seiwert, Lothar: Das neue 1 × 1 des Zeitmanagement; München 2004*

## 5. Realisierung der anstehenden Aufgaben – meine persönlichen Tätigkeiten und Arbeitsabläufe organisieren

Persönliche Arbeitsabläufe zu planen ist eine Sache, die Planung zu realisieren zeigt sich nach meinen Erfahrungen als außerordentlich störanfällig. »Zeitdiebe« und »Konzentrationsräuber« lauern überall.

- Listen Sie an dieser Stelle einmal alle die Vorkommnisse in Form eines Brainstormings auf einer freien Seite Ihres »Forschertagebuchs« auf, die Sie gestern und auch heute bei Ihrer Arbeit gestört haben, die dafür gesorgt haben, dass Sie eine Tätigkeit abbrechen mussten, auf die Sie sich gerade konzentriert hatten und die Sie mit Ärger und Verdruss erfüllt hatten, weil Sie nicht weiter gekommen sind mit Ihrem Vorhaben. Bleiben Sie dabei nicht nur in der Schule, sondern bedenken Sie dabei auch Ihr Zuhause und alle anderen außerdienstlichen Belange. Berücksichtigen Sie auch Gedanken, die sehr hinderlich und störend sein können, eine vor Ihnen liegende Arbeit auszuführen oder anzufangen. Überlegen Sie nicht lange, sondern schreiben Sie frei weg auf, was Ihnen stichwortartig in den Sinn kommt.
Als divergenter Typ können Sie die Mindmap-Struktur im Materialanhang nutzen.
- Setzen Sie Ihre »Zeit- und Konzentrationsfresser« in eine »Hitliste« entsprechend der Häufigkeit und Störintensität: Den 1. Platz erhält die ärgerlichste und häufigste Störung, Platz zwei die dann folgende usw.

Die Analyse von Störfaktoren, die unser Tun und die Qualität unserer Arbeit am meisten beeinträchtigen, ist stets ein Highlight von Trainingskursen. Und mit schöner Regelmäßigkeit ergeben sich nahezu identische »Hitlisten«, in denen Sie sich sicherlich wiederfinden:

1. Suchen nach Unterlagen, Notizen, schriftlichen Vorlagen usw. aufgrund überlasteter Schreibtische und unübersichtlicher Ablagesysteme.
2. Aufschieberitis, mangelnde Selbstdisziplin und Flucht in Nebentätigkeiten.
3. Telefonanrufe, die unerwünscht und zu ungünstigen Zeit ankommen.

4. Unangemeldete Besucher (Kollegen, Nachbarn, Freunde und Bekannte, Schüler und Schülerinnen, Familienmitglieder, Schülereltern, Handelsvertreter und ... und ... und ...), die einfach in die Arbeit hineinplatzen.
5. Gedankenblockaden, fluktuierende Aufmerksamkeit, Abscheu gegenüber zeitintensiven Statistiken.
6. Lärm, Kopfschmerzen, Stress, innere Leere.
7. Besprechungen und Konferenzen, die in Geschwätz ausarten und ineffizient sind.

Ohne Frage ließe sich eine »Top-Twenty« auflisten, aber ich möchte mich hier auf die sieben Bereiche beschränken, die als Produktivitätsbremsen am weitesten verbreitet sind. Zu jedem der sieben »Zeiträuber« weist die einschlägige Fachliteratur vielfältige Lösungsansätze auf. Um Ihnen die zeitaufwändige Lektüre zu verkürzen, werde ich Ihnen die Quintessenz aus meinen Trainererfahrungen in Form von Tipps, Tricks und Verbesserungsvorschlägen zu den »Großen Sieben« anbieten, die sich im schulischen Alltagsgeschäft als besonders effektiv und umsetzungsfreundlich erwiesen haben. Wenn Sie sich in diesem Zusammenhang das Pareto-Prinzip vergegenwärtigen, dann sind es 20 % der »Zeit- und Konzentrationsdiebe«, die rund 80 % der Zeitverschwendung verursachen – und diese Relation macht die Aussicht darauf greifbar, sie erfolgreich dingfest zu machen und auszumerzen.

### Die Sache mit der Befindlichkeit

Störungen bei der Arbeit wirken in Form von äußeren und inneren Impulsen auf uns ein und nur allzu häufig reagiert man bereitwillig darauf. Störungen verstehe ich grundsätzlich als **Beeinträchtigungen meiner Befindlichkeit.**

Das Schlimme ist, sie bitten nicht um Erlaubnis – aber das Gute ist, dass ich etwas dagegen tun kann; und zwar aktiv! Und das folgende Schaubild kann Ihnen aufzeigen, in einem weiteren Schritt aktiv mit Ihren Störfaktoren umzugehen und Lösungsaussichten zu visualisieren:

## Realisierung der anstehenden Aufgaben

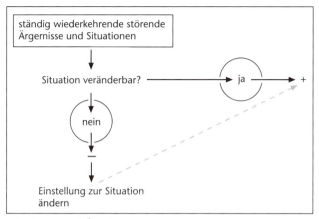

*Abb. 13: ... störende Ärgernisse und Situationen*

Gehen Sie unter Berücksichtigung des Flussdiagramms noch einmal die
»Hitliste« Ihrer Störungen durch und vermerken Sie mit einem großen **Pluszeichen**, wenn Ihnen ad hoc Lösungsmöglichkeiten einfallen, oder Sie der Meinung sind, dass Sie aus den mieslichen Situationen heraus kommen und diese Ärgernisse eigentlich vermeiden können.

Mit einem fetten **Minuszeichen** versehen Sie die Störfaktoren, bei denen Sie momentan keinen Ausweg sehen und von denen Sie derzeit überzeugt sind, dass Sie keinen verändernden Einfluss ausüben können.

Haben Sie viele Pluszeichen setzen können, dann steht erfolgreichen Veränderungen im Rahmen eines entwickelten Zeit- und Selbstmanagements zu größerer Zufriedenheit und Gelassenheit kaum etwas im Wege. Bei sehr vielen Minuszeichen besteht die Gefahr, ins Lager der »Janömös« zu gleiten. Das ist der Club der Jammerer, Nörgler und Motzer, die prinzipiell alles und jedes – und auch die eigene selbstverursachte schlechte Befindlichkeit – anderen in die Schuhe zu schieben versuchen und sich dem hilflosen Ausgeliefertsein anheim stellen. Aber seien Sie versichert, dass es immer mehrere Wege gibt, ein Ziel anzusteuern. Wenn es mit einer Aufgabe nicht recht voran geht oder ich der Meinung bin »Das schaffst du nie!«, dann liegt das oft nicht daran, dass das Ziel falsch ist. Vielmehr bin ich mir nur noch nicht darüber im Klaren, welche Möglichkeiten ich überhaupt habe, um die einzelnen Etappen anzupeilen. Und dann gilt es, einen Schritt zurückzutreten und aus der Adler- oder Maulwurfperspektive **einen neuen Blick auf die alte Lage** zu werfen. Gibt es dann noch immer keinen Ausweg aus der mieslichen Situation, so habe ich doch die Möglichkeit, meine **Einstellung** zu ihr zu **ändern:**

⭐ Auf meinem Weg zur Dienststelle stehe ich morgens seit geraumer Zeit in einem Stau vor einer Dauerbaustelle ohne Umgehungsmöglichkeit. Anfangs gab es Stress wegen der immanenten Zeitnot durch das Warten. Früheres Losfahren entlastet jetzt den Termindruck – aber das unnütze Herumstehen sorgte weiter für Unmut, Aufregung, Ärger, Nervosität usw. – tageweise verstärkt und beflügelt durch die Solidargemeinschaft der Leidensgefährten und -genossinnen ... Der Dienstbeginn gestaltete sich entsprechend schlecht gelaunt. Nachfragen und Sticheleien machten mir meine kritische Verhaltensdisposition bewusst. – An der Baustellensituation kann ich nichts ändern – aber seit dem ich jeden Morgen eine Lieblingsmusik mitnehme, sie **bewusst** höre und den Stau **als Chance** dafür wahrnehme, ist meine morgendliche Fröhlichkeit wieder hergestellt.

Sehe ich keine Möglichkeit, auch durch eine veränderte Einstellung aus einer Misere zu entkommen, dann habe ich nur noch die Alternative, vollständig aus der Situation herauszugehen und möglicherweise die Funktionsstelle oder den Arbeitsplatz zu wechseln; denn ich bin nicht da, um immer nur unter X, Y und Z zu leiden. Als Lehrer weiß ich, dass es unmöglich ist, es allen recht zu machen und ich leide nicht darunter, wenn ich gelegentlich auf Widerstand, Unannehmlichkeiten, Kritik oder Ablehnung stoße. Wichtig ist, dass ich mir die Autonomie zum entschlossenen Handeln und Hinnehmen erhalte; denn »Es␣ist besser ein Licht anzuzünden« und selbstverantwortlich Initiative zu ergreifen, »als bloß über die Dunkelheit zu klagen.«

Hier passt der Gebetsspruch, der Franz von Assisi zugeordnet wird:

**»Herr, gib mir die Gelassenheit das hinzunehmen, was ich nicht ändern kann, den Mut zu ändern, was ich ändern kann und die Weisheit, zwischen beidem zu unterscheiden.«**

## Effizienzbremsen lösen

### 1. Schreibtisch- und Ablagenorganisation optimieren

»Das Leben ist zu kurz, um es mit Suchen zu verbringen.« lautet ein geflügeltes Wort; und in der Tat haben Forschungsstudien aufgedeckt,

## Realisierung der anstehenden Aufgaben

dass überfüllte Schreibtische ihre Besitzer dazu verleiten, täglich bis zu 90 Minuten mit Suchen, Umstapeln und Umherschieben zu verbringen. Wie der berühmte Tropfen summieren sich zwei Minuten hier, drei Minuten dort schnell auf einige Stunden pro Woche, die sich sinnvoller nutzen lassen. (http://www.vnr.de/vnr/selbstorganisationerfolgsstrategien)

Wenn Sie der Meinung sind, dass ein überlasteter Schreibtisch mit diversen Papierstapeln, überflutenden Ablagekörben, mehreren Köchern und Schalen mit Stiften und Materialien und darum herum drapierten Ordnern und Fachzeitschriften den Eindruck vermittelt, dass hier eine vielbeschäftigte und wichtige Führungskraft tätig ist, dann unterliegen Sie einem Irrtum. Wie das äußere Erscheinungsbild einer Person, so trägt auch der Eindruck des Arbeitsplatzes bei Besuchern bewusst und unbewusst zum Eindruck darüber bei, wie es um die Professionalität einer Führungskraft bestellt ist. In einer europaweiten Studie gaben 70 % der befragten Manager und deren Mitarbeiter an, dass sie von einem ordentlichen und aufgeräumten Schreibtisch auf Zuverlässigkeit, effiziente Arbeitsstruktur und Leitungsqualität schlossen. Und immerhin 55 % gaben an, dass sie unaufmerksame, unzuverlässige und amateurhafte Arbeitsweisen mit chaotischen Schreibtischen assoziieren. Wenn Sie das nächste Mal Ihr Büro betreten, dann bleiben Sie einen Moment in der Tür stehen und nehmen Sie bewusst wahr, was sich Ihren Augen bietet. Sicherlich gelingt es Ihnen Termini wie Sachlichkeit, Ästhetik, Komfort, Behaglichkeit und Stil in Ihren Über-Blick einzubinden und sich die Frage zu beantworten, ob Sie eher der »konsequente Familienmensch«, der »Ordnungsfanatiker«, der »Bürospaßvogel«, der »designverliebte Leader« oder das »chaosbeherrschende Genie« sind … (simplify your work; März 2004)

Beachten Sie bei Ihrer Schreibtischorganisation die folgenden sieben Hinweise:

- Nur was ich aktuell bearbeite liegt vor mir auf dem Schreibtisch; denn hohe Akten- und Papierstapel im Sichtbereich erinnern vorwurfsvoll an unerledigte Pflichten.
- Nachfolgend zu bearbeitende Papiere können auf einem niedrigeren Nebentisch nach Prioritäten geordnet lagern.
- Vier Postkörbe mit »Ein«, »Sofort handeln«, »Lesen« und »Aus« beschriftet sind hinreichend, weil z. B. auch die Sicherheitsbeauftragte des US-Präsidenten, Condoleezza Rice, damit auskommt.

- Meiden Sie Ablagekategorien wie »Allgemeines«, »Interessante Artikel« o. ä., weil die nur zum Sammeln von Unwichtigem und unnützem Aufbewahren verleiten.
- Die Ablage- und Aktenorganisation nach dem »Reichweiten-Prinzip« kann wahre Wunder wirken, wenn ich das, was ich täglich oder häufiger brauche, in meiner Nähe im »Premium-Bereich« aufbewahre: Arbeitsmittel wie Schreibutensilien, Blankopapier und Formblätter die ich in Schubladen von oben nach unten nach »wichtig«, »weniger wichtig« und »unwichtig« lagere; und bestimmte Nachschlagewerke, bestimmte Ordner und aktuelle Vorgänge usw., die ich ohne aufzustehen erreichen kann. Anderes distanziere ich entsprechend weiter vom Schreibtisch.
- In Regalen und Schränken steht das zusammen, was thematisch zusammen gehört und eine gute Beschriftung und der Einsatz von Farben sichern den schnellen Zugriff und erfreuen das Auge.
- Eine optimal strukturierte Ablageorganisation enthält Querverweise und Links sowohl in Ordner- und Hängeregistratursystemen (z. B. mithilfe farbiger Post-its) als auch in PC-Dateien. Dabei ist vorab zu bedenken, wie das System auf Dauer funktionsfähig und erweiterbar bleibt, damit Umfang und Gewicht der analogen Dokumentation im Rahmen eines »Handbuches« und die digitalen Speicher überschaubar bleiben.

Wenn Sie Zweifel daran haben, dass Ihr Ordnungssystem funktionstüchtig ist, dann fragen Sie Kolleginnen und Kollegen, die Sie als Organisationsexperten schätzen und informieren Sie sich über deren Erfahrungen. Lassen Sie sich deren Prinzipien erläutern oder laden Sie sie zu sich ein und bitten sie vor Ort, Ihnen Rückmeldungen zu Ihren Ideen zu geben und Optimierungsvorschläge zu machen. Danach können Sie besser entscheiden, was für Sie und Ihren persönlichen Arbeitsstil günstig ist und was sich mit ihrem Finanzbudget realisieren lässt (Teil 6 des Regelkreises!).

Wie bei Ihren anderen persönlich wichtigen Beziehungen braucht auch der **Schreibtisch** Ihre **beständige Pflege** – und wenn Sie sowieso den Beschluss gefasst haben, sich vom »Volltischler« zum »Leertischler« zu verändern und endlich mit den Stapeln alter Zeitungsartikel, diverser Internetausdrucke, Aktennotizen, Büchern, Katalogen, Werbeprospekten, unbeantworteten Briefen, kopierten Schreiben unterschiedlichster

Absender und was sonst noch so auf Fensterbänken, auf dem Boden, auf Schränken und Besucherstühlen liegt aufzuräumen, dann ist die Sache mit dem **180-Grad-Dreh** eine empfehlenswerte Methode:

Nehmen Sie einen der Stapel und drehen Sie ihn um 180 Grad, sodass das vormals unterste Blatt mit der Rückseite nach oben vor Ihnen liegt.

Weil es einfacher gelingt, eine Entscheidung über etwas zu treffen, was bereits länger der Vergangenheit angehört. Weil sich oft schon so einiges von selbst erledigt hat; und weil ich mich auf das Schriftstück in meiner Hand besser konzentrieren kann, wenn ich von dem nachfolgenden bloß die Rückseite sehe.

Bei jedem einzelnen Dokument oder Druckwerk bearbeiten Sie drei Fragen:

1. **Ist es überhaupt noch relevant?** – Wenn nicht, dann werfen Sie es ungelesen **sofort** in den Papierkorb!
2. **Muss es bearbeitet werden?** Wenn Ja, dann gebe ich es an die Person weiter, die es betrifft ... oder ich erledige es sofort, wenn es nicht länger als drei Minuten dauert ... oder ich vermerke sofort einen Erledigungstermin im Zeitplaner und lege es dorthin ab, wo es hingehört. – Aber **niemals** lege ich einen neuen Stapel an!
3. **Muss es nicht bearbeitet, soll aber aufgehoben werden?** – Dann bringe ich das Objekt sofort dorthin, wo es hingehört; lege möglicherweise eine neue Akte an ... oder entschließe mich letztendlich doch zum Wegwerfen.

Mit konsequenter Pflege können Sie in ähnlicher Weise auch Ihre Postkörbe auf Dauer flach halten: Alle Dokumente stur der Reihe nach verarbeiten und keine neuen Nebenstapel errichten! (simplify your work, Juli 2003)

> »**Die Basis einer gesunden Ordnung ist ein großer Papierkorb.**«
> (Kurt Tucholsky)

In gleicher Weise bietet es sich an, einmal im Jahr – evtl. nach Ende des Schuljahres oder des Haushaltsjahres – einen sogenannten »**wasteday**« mit Ihren Sekretariatskräften zu **zelebrieren**. Dabei beginnt nach einem gemeinsamen Frühstück das große Reinemachen:

- Sichten Sie bei einem gemeinsamen Rundgang durchs Büro und das Sekretariat alles, was Ihnen als entfernenswert auffällt: verblichene

Bilder und Poster, abgelaufene Kalender (trotz der schönen Bilder!), verstaubte Accessoires, abgewetztes Mobiliar usw. und schaffen Sie alles direkt in den Müll.

- Lassen Sie Akten entsprechend der Aufbewahrungsfrist ins Archiv verfrachten.
- Entfernen Sie nicht mehr aktuelle Kataloge, Glanzschriften, Vereinsjahrbücher der Vorjahre usw. in den großen Altpapierkarton.
- Misten Sie Regale und Schränke aus und ordnen Sie Bücher usw. evtl. neu.
- Lassen Sie defekte Bürogeräte zur Reparatur bringen oder entsorgen Sie sie endgültig.
- Entfernen Sie eingegangene oder kränkelnde Büropflanzen (... vielleicht kennen Sie jemanden, der sie mit einem grünen Daumen wieder aufpäppeln kann ...) und sorgen Sie für Ersatz, um das Leben an Ihrem Arbeitsplatz zu erhalten.
- Entsorgen Sie die alten Notizzettel, die immer noch am PC-Bildschirm kleben, an der Pinnwand stecken oder Ihre Arbeitsfläche eingrenzen und ersetzen Sie sie durch einen kleinen Spiralblock. Der hat den Vorteil, dass er »nach Zetteln schmeckt«, diese aber festhält und auch mal ein Blatt hergeben kann, wenn es unbedingt sein muss.
- Bedenken Sie dabei gemeinsam auch die Farbgebung in Ihrem Hauptquartier; denn Farben haben fraglos Einfluss auf unsere Befindlichkeit, können anregend oder deprimierend wirken, Wohlbefinden vermitteln oder Fluchtverhalten auslösen, aktives Handeln unterstützen oder müde machen. Nach den Erkenntnissen der Farbpsychologie stimmt die Hauptfarbe Blau sehnsüchtig und steht für Suche nach Erfolg; Grün beruhigt und vermittelt Hoffnung zum Gelingen; Gelb macht fröhlich und steht assoziativ für den Sonnenschein; Rot regt an, steht für Wichtiges und will Aufmerksamkeit erheischen. – »Grau ist alle Theorie und grün des Lebens Baum.« weiß Mephisto in Goethes »Faust« zu berichten, während der berühmte Architekt Walter Gropius einst »Bunt« als seine Lieblingsfarbe vorstellte ... und über Schwarz wollen wir erst gar nicht reden.

Ein solcher Entrümpelungstag sorgt für frischen Wind in Ihrem Arbeitsumfeld und sorgt für eine intensive und abwechslungsreiche Kommunikation mit Ihren engsten Mitarbeiterinnen, was im Gegensatz zum sonst oft begrenzten »shop talk« nie verkehrt sein und für Entspannung sorgen kann. Und vergessen Sie nicht, diesen Tag mit einem angemessenen und feierlichen Ausklang zu beenden – als Belohnung für sich selbst und die fleißigen Helfer. – Als verantwortungsbewusste Führungskraft können Sie mit einer solchen Aktion gleich mehrere Fliegen mit einer Klappe schlagen … und diese Strategie lässt sich selbstverständlich auch Zuhause umsetzen, wenn es um das Aufräumen der Wohnräume, häuslichen Arbeitszimmer, Speicher- und Kellergelasse, Garagen oder Gartenhäuschen geht. Gemeinsam geht's leichter und vielleicht lässt sich nach dem Motto: »Für jedes neue Objekt muss ein altes entsorgt werden.« so etwas wie »Verrümpelungs-Prophylaxe« betreiben?

*Roth, Susanne: Einfach aufgeräumt! – Ihr 24-Stunden-Aufräumprogramm für ein neues Arbeitsgefühl; Bonn 2004*

## 2. Aufschieberitis heilen

Das **»Sich nicht an die Arbeit kriegen«** ist ein weit verbreitetes mentales Leiden und lässt sich durch überschaubare Arbeitsportionen, echte Belohnungsstrategien für Geleistetes und eine anregende Arbeitsplatzgestaltung positiv verändern; denn müde macht uns die Arbeit, die wir unerledigt liegen lassen und nicht die, die wir tun.

An erster Stelle sind es **die unangenehmen Gedanken**, die ich vornehmlich aus dem Unterbewusstsein her mit einer Aufgabe in Verbindung bringe. Attribute wie »… das ist langweilig …«, »… das ist unwichtig …«, »… dazu habe ich jetzt sowieso nicht genug Zeit …«, »… dazu habe ich noch nicht genug Informationen …« usw. werden insgeheim diesen anstehenden Pflichten zugeordnet und dienen als **vorgeschobene Argumente** dafür, sie nicht jetzt erledigen zu können. – Das begünstigende Moment für diese Gedankenspiele ist m. E. die zugrunde liegende Annahme, dass die Konsequenzen des Liegenlassens nicht als so unangenehm empfunden werden, als das Erledigen selbst. Und erst wenn die Bedrohung von außen größer wird und die Konsequenzen als unangenehmer als das Tätigwerden erscheinen, dann werde ich aktiv – und bin oftmals erstaunt, wie gut mir die Sache von der Hand geht. Dabei sind es in der Regel **Aufgaben der Kategorie »wichtig«**, die als »unangenehm« eingestuft werden, weil sie oft komplex, schwer zu fassen und anstrengend in der Bearbeitung sind. Aber weil sie (noch) nicht »dringlich« sind, gibt es (noch) keine Konsequenzen zu befürchten, wenn ich sie aufschiebe.

Fakt aber ist, dass diese Aufschieberitis ein enormer **Energiefresser** ist, weil die verdrängten Pflichten stets als schlechtes Gewissen präsent sind: Das ständige »Ich muss noch …« in meinem Hinterkopf und der sichtbare verstärkende Impuls der vorwurfsvollen unerledigten Aufgabe vor mir auf dem Schreibtisch oder im Zeitplanbuch. Die Folgen dieses Verhaltens sind zermürbende **Unzufriedenheit** und **Selbstvorwürfe**, »es« wieder einmal nicht geschafft oder nicht zuende gebracht und die längst fällige Antwort auf den Brief von letzter Woche wieder nicht erledigt zu haben.

Diesen mentalen Leidenszuständen können Sie mit eben solchen mentalen Heilmitteln zu Leibe rücken:

- Machen Sie sich bewusst, wie viel Zeitaufwand es **wirklich** kosten würde, die aufgeschobenen Arbeiten zu erledigen und vermerken Sie die Minutenzahlen direkt in Ihrer Aufgabenliste. – Dadurch kann es gelingen, Ihre übermäßig aufgeblähte **Zeit-Phantasie-Blase** über die veranschlagte Dauer anzustechen und die Aufgabe zu »entzaubern«: Plötzlich mutiert der ausführlich, perfekt und fundiert zu verfassende Brief zur schnellen e-mail und der Briefpartner kann oftmals eher durch eine kurze und straffe aber schnelle Antwort beeindruckt werden als durch perfekte Form, Schönheit und ausschweifende Länge eines Schriftsatzes; und mit einem 10-Minuten-Telefonat ist das als langwierig und schwierig befürchtete Gespräch mit der vorgesetzten Behörde auf ein realistisches Maß geschrumpft.
- Wenden Sie das **»Columbo-Prinzip«** an, die Strategie des kauzigen Fernsehdetektivs, der seine Verdächtigen beim Weggehen immer wieder irritiert, indem er noch einmal innehält mit dem Spruch: »Ich hätte da noch eine Frage …« Stellen Sie sich im Anfall von Aufschieberitis diese Frage selbst: »Moment mal. Ich hätte da noch mal die Frage: Warum willst du diese Aufgabe jetzt nicht erledigen? – Was ist dir im Wege, dass du das jetzt nicht sofort tust?« Stellen Sie sich die Frage laut und Sie werden erstaunt sein, welche Antworten Sie sich nach der Methode der verbalen Selbstinstruktion geben werden. Durch das Gespräch mit Ihrem »Inneren Team« machen Sie sich ein Bild über Ihre augenblickliche Befindlichkeit, können Ihre Blockadeverursacher durch diese Selbstexploration entlarven und durch **gezieltes Selbstinstruieren** außer Gefecht setzen.
- Setzen Sie Ihren destruktiven **Gedanken Stopps**: »Halt! So will ich nicht weiter denken!« und malen Sie sich bildhaft die Situation in die

## Realisierung der anstehenden Aufgaben

Luft, wie es sein wird, wie es Ihnen gehen wird, wenn Sie die »vermaledeite« Arbeit erledigt haben: »Jetzt korrigiere ich erst die nächsten fünf Klausuren – und dann gönne ich mir ein X!« Wenn Sie sich eine Belohnung aussetzen und die positive Konsequenz Ihres Schaffens den steinigen Weg dorthin toppen kann, dann werden Sie gut motiviert sein, Ihr Vorhaben umzusetzen und nicht weiter vor sich her zu schieben.

- Schreiben Sie nach der **Kopfstand-Methode** auf, welche Missstände sich in Ihrer Schule weiter verschlimmern werden und welche Folgen es für Ihre persönliche Entwicklung (Merke: Stillstand = Rückschritt) haben wird, wenn Sie die viel zu lange schon aufgeschobene Weiterbildung im Themenkomplex »Zeit- und Selbstmanagement« noch weiter vor sich herschieben ... Oder vermerken Sie in einer Liste was Sie tun müssen, damit Ihre freundschaftliche Beziehung zu Y endgültig in die Brüche geht ... Sie glauben nicht, welche Energien in Ihnen schlummern – und die Sie aktivieren können, um dem »inneren Schweinehund« das Fürchten zu lehren angesichts der Konsequenzen, die vor Ihrem inneren Auge entstehen ...

Halten Sie Ausschau nach kreativen Lösungsmöglichkeiten für diese wirklich beeinträchtigenden Dispositionen. Suchen Sie das Gespräch mit Kolleginnen und Kollegen (Teil 6 des Regelkreises!) und seien Sie neugierig, wie andere mit ihrer Aufschieberitis umgehen. Vielleicht beherzigen Sie das Shakespeare-Zitat:

> »Nichts ist in sich gut oder schlecht;
> das Denken macht es erst dazu.«

*Meyer, Marcel: Wo ich bin, ist oben. – Die Kunst, sinnvoll mit sich selbst umzugehen; Zürich 1999*

### 3. Telefonterror befrieden
Verschaffen Sie sich einmal einen Überblick über Ihr **persönliches Telefonverhalten**. Stellen Sie anhand Ihrer Zeitplanaufzeichnungen von gestern fest,
- zu wie viel verschiedenen Zeitpunkten Sie telefoniert haben;
- wann und wie oft Sie niemanden erreicht haben;
- zu welchen Zeiten Ihre Anrufe angenommen wurden;
- wann Sie eine »wichtige« Aufgabe unterbrochen haben, um jemanden anzurufen und

- ob es wirklich so dringend war, von Ihrer Tätigkeit zum Telefon abzuschweifen.

Diese kurze Reflexion wird Ihnen bewusst machen, wie erfolgreich Sie mit Ihrem Telefonmanagement derzeit sind – oder wie viel Zeit Sie aufgrund Ihres ungeplanten Telefonierens vergeuden. Mit nur wenigen Planungsaspekten können Sie den Anteil an **Telefon-Zeit**, den Sie selbst aktiv verantworten, optimieren:

1. Für alles, was Sie nicht unbedingt persönlich besprechen müssen und was **nicht** den Stempel »**dringend**« trägt, sollten Sie **e-mails** nutzen. Das erspart Warten, erfolgloses Wählen mit Frust und Ärger – und Sie können Ihre digitalen Mitteilungen und Anfragen zu Zeiten absenden, wenn Ihre biologische Leistungskurve ihren Knick hat wie etwa direkt vor oder nach der Mittagspause, wenn Sie auch Ihre sonstige Post bearbeiten.
2. Vermerken Sie **Blockzeiten für Telefonate**, die Sie führen wollen, bereits in der Planung am Abend vorher. Dann können Sie sie in kurzer Zeit hintereinander wegarbeiten.
3. Erledigen Sie die **Telefongespräche vor oder nach wichtigen Tätigkeiten** – vermeiden Sie unbedingt, mit etwas aufhören zu müssen.
4. Nutzen Sie Ihre bisherigen Erfahrungen, zu welchen **Zeiten** die Gesprächsadressaten mit hoher Wahrscheinlichkeit erreichbar sind – oder finden Sie diese Zeiten im Gespräch heraus und notieren Sie sie in Ihrer Telefonliste **als Planungsvorgaben**.
5. Machen Sie sich mit dem Hörer in der Hand vor der Wahl der Telefonnummer kurz klar, was Ihr Anliegen, was Ihr **Ziel des Anrufes** ist, wenn Sie nicht sowieso Stichwörter zur Gesprächsstruktur im Planer vermerkt haben. Dadurch vermeiden Sie unnötiges Gestotter, wenn Sie mit einem Anrufbeantworter konfrontiert werden oder lästige Wiederholungsanrufe mit dem typischen »Was ich vorhin noch vergessen habe ...«

Durch planvolles und diszipliniertes Umgehen mit den wichtigen Telefongesprächen schaffen Sie sich auch zeitliche Puffer für das »telekommunikative Schwätzchen« zwischendurch, um Ihrem Drang nach sozialen Kontakten zu folgen. Bedenken Sie dabei aber bitte diese Pläuschchen so zu legen, dass sie nicht in arbeitsintensive Phasen Ihrer

Adressaten hineinplatzen und nutzen Sie dafür die Zeit nach Unterrichtsschluss bzw. den Beginn der »teatime« am Nachmittag.

In ähnlicher Weise wie oben können Sie mit den für Sie **ankommenden Telefonaten** verfahren. Mithilfe einer strukturierten **Anruferliste** (wie in Kap. 8 S. 103 aufgezeigt) schaffen Sie sich zunächst eine Statistik z. B. über einen Tag. – Wenn Sie sich bisher keine Gedanken über dieses Tätigkeitsfeld und diesen Kommunikationsbereich gemacht haben, werden Sie überrascht sein, wie oft Sie im Dienst zum Hörer greifen und wie viel Zeit Sie mit dem Telefonieren zubringen. Außerdem werden Sie feststellen, das eine Vielzahl dieser Gespräche von geringer Bedeutung sind und hinsichtlich Ihrer Aufgaben in der Schule eigentlich in die »Ablage P« gehören; denn oft sind es Kollegen und Kolleginnen, Familienmitglieder, Bekannte, Vereinskameraden usw., die ein bisschen Unterhaltung suchen und möglicherweise wissen, dass Sie gern ein wenig am Telefon plaudern ...

Wenn das Telefon aber ständig klingelt, die Arbeit immer wieder unterbrochen wird und ich mit meinen aktuellen wichtigen Aufgaben deshalb nur schleppend voran komme und es mich jedes Mal viel Energie kostet, meine Konzentration danach wieder zu sammeln, dann muss ich diesen »Telefonterror« dringend befrieden. Folgende Maßnahmen haben sich in der Praxis als hilfreich erwiesen, dem **»Zeitdieb Telefon«** das Handwerk zu legen:

1. Notwendige störungsfreie Zeitblöcke können Sie sich problemlos mithilfe eines **Anrufbeantworters** oder einer entsprechenden Anweisung ans **Sekretariat** sicherstellen.
2. Lassen Sie vorbeugend potenzielle Anrufer wissen, zu welchen **bestimmten Zeiten** Sie erreichbar sind. Das kann z. B. die Viertelstunde des Tages sein, in der Sie regelmäßig C-Aufgaben bearbeiten ...
3. Sagen Sie dem Anrufer die Wahrheit, wenn Sie ihn als störend empfinden, und dass Sie **jetzt keine Zeit** haben – er wird Ihre schlechte Laune oder Ihre Unaufmerksamkeit sowieso spüren – aber tun Sie es freundlich und vereinbaren Sie einen **Zeitpunkt für Ihren Rückruf**.
4. Führen Sie eine schematisierte Anruferliste und nutzen Sie ein Formular, wenn Ihr Zeitplaner nicht genügend Platz dafür vorsieht oder Sie ein entsprechend großes System leiten; denn das hat die Vorteile, dass ...
    - die Anrufe systematisch erfasst werden,

- die unorganisierte Zettelwirtschaft abgebaut wird,
- nachvollziehbar dokumentiert wird, wer wann angerufen hat,
- der Sucherei nach Telefonnummern vorgebeugt wird,
- nicht verloren geht, was der Anrufer wollte und mein Gedächtnis entlastet wird,
- ich weiß, wie und womit ich auf den Anruf reagiere,
- das Sekretariat oder jede andere Vertretungskraft in meiner Abwesenheit meine Anrufe für mich notieren kann und mir nicht viel verloren geht.

Wenn Sie eine Abneigung gegen Formblätter u. ä. haben, so können Sie in diesem Falle gewiss sein, dass diese Liste nach dem Motto: **»Mit Schema geht's bequemer«** gute Dienste leisten kann.

### 4. Besucherströme lenken

Eine immer noch typische Situation:

Es ist 8.30 Uhr und ich habe nach dem allmorgendlichen Gespräch mit der Sekretärin über die heute zu erledigenden Aufgaben damit begonnen, als »A-Aufgabe« die Konferenzvorlagen für die anstehende Projektwoche zu sichten: Die übergeordnete Zielsetzung, die die Vorbereitungsgruppe formuliert hat, muss noch überarbeitet werden, weil ein Aspekt des betreffenden Beschlusses noch nicht berücksichtigt ist und im Zeitplan ist die Nachmittagsbelegung der Sporthalle noch nicht berücksichtigt. Um 8.40 Uhr meldet die Sekretärin das Ehepaar S. an: Die Sache ist dringend; es geht um die Beschwerde über die Zensur in der Physikarbeit ihres Sohnes. Um 8.55 Uhr muss mich Kollegin F. dringend sprechen; sie hat extra gewartet und die Unterrichtsstunde hat bereits wieder begonnen, aber sie muss mein Ja wegen der Erziehungsmaßnahme für Julia D. unbedingt jetzt haben, weil die schon zum zweiten Mal und überhaupt ... und Frau F. hat auch ihre Falldaten schriftlich mitgebracht und ich soll doch gleich mal einen Blick darauf werfen, ob das so ... Um 9.15 Uhr platzt Kollege H. herein und will wissen, warum die Hochsprungständer noch nicht geliefert sind, weil er die für die Leichtathletik-AG ... und die Schulwettkämpfe sind doch schon ... und ob ich schon gehört hätte, dass ... Um 9.30 Uhr müssen mich vier Neuntklässler unbedingt sprechen, weil es ungerecht ist, dass Sascha am Klassenausflug teilnehmen darf, obwohl er ... Um 9.45 Uhr bringt mir Kollegin K. ein Stück Geburtstagskuchen, weil ich doch in der Pause nicht ... und was ich denn von dem Zeitungsartikel über die Musicalaufführung des neuen Theaterensembles halte ... Und auch um 12.45 Uhr brennt mir die Konferenzvorlage immer noch unter den Nägeln!

Bei dieser schulischen Alltagssituation ist es offensichtlich schwierig,  den Begriff »Zeit- und Konzentrationsdiebstahl« vorbehaltlos anzuwenden; denn in unserem System Schule und insbesondere in unserer Funktion als Führungskraft sind wir ohne Informationsaustausch, soziale Vernetzung und das immanente Commitment zum Servicegedanken aufgeschmissen. Damit sind viele Tätigkeiten verbunden, aus denen wir selbst keinen unmittelbaren Nutzen ziehen, die aber wie das Salz an der Suppe wirken; denn zur Entwicklung einer guten Schulkultur gehört es auch, sich für die Belange von Kolleginnen und Mitarbeitern, von Schülerinnen und Schülern und selbstverständlich auch für die der Eltern zu interessieren, sich über dies und das auszutauschen und soziale Beziehungen zu pflegen; denn viele Kollegenbesuche sind **instinktive Versuche, sich des Zusammenhalts in der Gemeinschaft zu versichern**. Diese Uneigennützigkeit hat mit den **Verpflichtungen** zu tun, die wir mit unserem Beruf eingehen: »Das sind Aufgaben, die wir übernehmen, ohne einen direkten Ertrag für uns selbst erkennen oder ein eigenes Ziel unmittelbar damit verbinden zu können. Indirekt ist eigener Ertrag nicht ausgeschlossen: ›Do ut es – ich gebe dir, damit du mir vielleicht auch mal gibst‹, sagten die alten Römer. Diese Unterscheidung zwischen Verpflichtungen und notorischen Zeitdiebstählen ist  wichtig, um jeweils angemessen reagieren zu können.« (Heinz Hütter, 2002) Das heißt im Klartext, dass wir nicht jedes mehr oder weniger unverbindliche Gespräch, jede Informationsanfrage oder Bitte als »Zeitdiebstahl« deklarieren dürfen. Aber es ist der eindeutige Hinweis gegeben, eben diese **Notoriker** aufgrund unserer Erfahrungen zu identifizieren und uns nicht scheuen, öfters auch mal **entschieden »Nein« zu sagen**. Das ist sicherlich nicht leicht, weil wir Angst haben, Sympathien zu verlieren oder andere vor den Kopf zu stoßen und dann negative Sanktionen befürchten. Oder wir könnten in unserer geliebten Rolle als »Hans Dampf in allen Gassen« etwas verpassen, weil wir uns ja immer und überall für Alles und Jeden zuständig fühlen. Die divergenten Arbeitstypen unter uns, die eher kreativen und zum Chaos neigenden Führungskräfte, empfinden in vielfältigen Gesprächen mit anderen interessante Abwechslung, Unterbrechungen stören sie wenig und es kommt ihnen oft gar nicht in den Sinn, dass »Zeitkiller« sie daran hindern, ihr Arbeitspensum zu schaffen. – Aber die Konsequenzen bleiben die gleichen: »Zahlreiche solcher Störungen oder Bitten um Gefälligkeiten machen Ihren Zeitplan hinfällig. Sie schieben Wichtiges auf die lange Bank, leiden unter Termindruck und grenzen Ihre persönlichen Freiräume ein.« (Lothar Seiwert u. a., 2002)

Es wird Ihnen nicht schwer fallen, ähnlich gelagerte Vorkommnisse aus Ihren **privaten Bereichen** aufzuzählen: Die Freundin, die hereinplatzt auf ein Tässchen Kaffee, während Sie Unterricht vorbereiten; der Nachbar, der hereinschneit, weil er etwas ausleihen will und auch die letzten Neuigkeiten los werden möchte, während Sie konzentriert an der Steuererklärung sitzen; die Kinder, die dringende Hausaufgabenprobleme gelöst wissen wollen während Sie die Zeugnisnoten erstellen; der Vereinskamerad, der Sie wegen der Mitgliedsbeiträge anruft, während Sie gespannt dem Fernsehfilm folgen, auf den Sie sich schon lange gefreut haben und … und … und …

Die Beeinträchtigungen, die Störungen mit sich bringen und nach sich ziehen, lassen sich anschaulich und exemplarisch am Bild des **»Sägeblatteffekts«** darstellen:

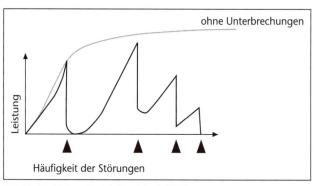

*Abb. 14: Sägeblatt … (nach Lothar Seiwert, 2004)*

Jede Unterbrechung der Tätigkeit – auch wenn es nur für einen Moment ist – hat zur Folge, dass ich Energie aufwenden muss, um an der Stelle weiter zu arbeiten, an der ich gestört wurde, um das erforderliche Maß an Konzentration wieder zu erlangen, ohne die das Ganze nichts wird. Und jede weitere Ablenkung bedarf einer erneuten Anlauf- und zusätzlichen Einarbeitungszeit, wobei der Energieverschleiß durch die Anstrengungen, sich jedes Mal wieder erneut konzentrieren zu müssen, überproportional steigt.

Dieses »Phänomen des Sägezahneffekts« zeigt die **Bedeutsamkeit der »stillen Stunde«** auf, die ich **unbedingt** für mich **reservieren** muss, um täglich wenigstens eine Zeit lang ungestört an Aufgaben oberster Priorität und auch aus dem »Quadranten II« tätig sein zu können. Das bin ich meiner Führungs- und Leitungsrolle in der Schule ebenso schuldig wie den gleichsam legitimen Ansprüchen meiner sozialen Beziehungsgeflechte und meiner ganz persönlichen Bedürfnisse. – Und aufgrund ihrer Wichtigkeit steht das Eintragen dieser »stillen Stunde« für mich **an erster Stelle meiner Tagesplanung** am Abend vorher; denn der Wert der Gewissheit am Ende des Arbeitstages, etwas sehr Wichtiges für das Erreichen eines meiner Ziele geschafft zu haben, sorgt für das Wohlgefühl, etwas geleistet zu haben und erhält mir die notwendige Motivation und Schaffensfreude.

Lernen Sie **»Nein-Sagen« ohne Frust zu erzeugen!** – Ein freundliches: »Im Moment habe ich keine Zeit für dich/Sie, weil ich ... zu tun habe. – Aber in einer halben Stunde bin ich ganz für dich/Sie da.« oder: »Jetzt reicht es nur für ein wuseliges Tür-und-Angel-Gespräch. – Aber am Dienstag von ... bis ... können wir ganz ausführlich darüber reden.« eröffnet Ihrem ungelegenen Besucher das **Angebot einer besseren Alternative** gegenüber dem »Jetzt« und »Sofort«. – Und da Sie die Kommunikation auf der **Sachebene** führen, weder Ihren persönlichen Unmut über die Störung noch Vorwürfe platzieren und darüber hinaus das Anliegen Ihres Besuchs ernst nehmen, können Sie gewiss sein, dass Sie sich einvernehmlich verabschieden können ohne Frust und Ärger verbreitet zu haben. – Und aus meiner Erfahrung als Beratungslehrer kann ich Ihnen sagen, dass sich so viele als dringlich angetragene Fälle von selbst erledigt haben, weil es auch bei Nachfragen eben doch eigentlich letztendlich nicht so wichtig war ...

Wenn Sie sich das Szepter nicht aus der Hand nehmen lassen und selbst über Ihre Zeit und Ihr Tun bestimmen wollen, dann können die folgenden **Verhaltensregeln und Organisationstipps** hilfreich sein, Ihre »Besucherströme« effektiv zu steuern:

- Legen Sie Zeiten fest, zu denen Sie immer für Gespräche verfügbar sind und publizieren Sie diese Daten.
- Nutzen Sie das Prinzip der offenen und geschlossenen Tür als stumme Impulse.

- Nehmen Sie sich gegen Mittag Zeit, auf Kolleginnen und Mitarbeiter zum Smalltalk zuzugehen.
- Nehmen Sie sich zweimal im Schuljahr Zeit, Vier-Augen-Gespräche zu führen (möglicherweise im Rahmen vorbereiteter MVGs).
- Laden Sie interessante Kollegen und Kolleginnen und andere Menschen, mit denen Sie dienstlich zu tun haben und mit denen Sie sich anregende Gespräche versprechen, außerhalb der Dienstzeit ein und trennen Sie Dienstliches von Privatem.
- Sagen Sie »Nein« ohne Frust zu erzeugen.
- Belohnen Sie sich bewusst für Ihr neues Verhalten und genießen Sie es, wieder einen Schritt weiter gekommen zu sein!

Eingeschliffene Angewohnheiten zu verlernen ist anstrengend und das Verhalten anderer zu ändern gelingt nur, indem wir unser eigenes Verhalten verändern. Die vorgeschlagenen Tipps können Ihnen dazu dienen, eine ungünstige Gewohnheit durch eine günstigere zu ersetzen. – Sollten Sie dadurch Ihre »Besucher« irritieren, dass plötzlich etwas Neues gilt, dann haben Sie schon einen ersten Schritt in die richtige Richtung geschafft; denn »**Irritation**« ist ein hervorragendes und didaktisch anerkanntes Mittel, um **Denkimpulse** und **Lernvorgänge** auszulösen. Je nachdem wie mutig Sie sind, können Sie die Portionen zur Störungsminderung entsprechend klein oder größer zuschneiden. Eine kleine Innovationssache kann schnell zu Erfolgen führen und zu weiteren Veränderungen motivieren, während ein großer Rundumschlag Protestaktionen und Krisenzustände unter den Betroffenen auslösen kann. – Wie Sie sich auch entscheiden: Mit Mut geht's gut! – Und das bestätigt auch das Zitat von Anais Nin:

> »Je nachdem, wie mutig ein Mensch ist,
> expandiert oder schrumpft sein Leben.«

### 5. Gedankenblockaden und innere Leere überwinden

»Ich weiß nicht mehr weiter … Mir fällt nichts mehr ein … Ich komme da einfach nicht mehr weiter … Ich stecke fest … Mir geht alles im Kopf durcheinander …« Das sind wohlbekannte Worte unserer inneren Stimme in Situationen, in denen wir mit den Gedanken nicht mehr bei der Sache sind. Dann geht die Bearbeitung der vor uns liegenden Aufgabe nur noch zäh voran und die Gedanken fluktuieren dann nur so

## Realisierung der anstehenden Aufgaben

von einer Idee zur anderen Vorstellung und wollen aber partout nichts mehr mit der Vorlage auf dem Schreibtisch zu tun haben. Und je mehr wir uns bemühen, die störenden Gedanken beiseite zu schieben, desto größer wird die Unruhe – und je näher Termine anstehen, desto größer wird der Stress, bis häufig gar kein klarer Gedanke mehr zu fassen ist oder wir in ausgedehnte Tagträumereien abgleiten.

So verstreicht viel Zeit uneffektiv. Und weil wir an Anderes denken, während wir bemüht sind, eine wichtige Aufgabe zu erledigen, sind wir auch nicht produktiv.

Sehr disziplinierte konvergente und linear strukturierte Arbeitstypen schaffen es in solchen Situationen, zu einer anderen A-Aufgabe zu wechseln und ihre Gedanken dort wieder zu bündeln. Für uns andere bleibt der Ausweg aus dem Dilemma, indem wir auf unsere innere Stimme hören; denn sie teilt unmissverständlich mit, dass irgendetwas in uns außer Balance geraten ist.

Pausen sind das einzige Mittel, das in diesen ungünstigen Befindlichkeitszuständen hilft. – Damit ist nicht gemeint, mal eben zum Schwätzchen bei anderen vorbeizuschauen, um dann in eine sogenannte »Kommunikationsfalle« zu tappen, aus der Sie sich nicht wieder herausbugsieren können – oder wollen. Damit ist auch nicht gemeint, intensive Internetrecherchen vorzunehmen oder in Computerspielen zu versinken. Wenn dies wunde Punkte in Ihren Ablenkungsneigungen sind, dann nutzen Sie sie lieber als Belohnung für geleistete Arbeit im Rahmen der Selbstinstruktion: »Wenn ich die Konferenzvorlage fertig habe, dann gönne ich mir zwanzig Minuten Internet-Surfen!« – aber vergessen Sie nicht den Wecker auf genau 20 Minuten zu stellen ...

Hier soll die Rede sein von aktiven Pausen, die uns mental, seelisch und körperlich wieder in Schwung bringen und regenerativ die notwendige Balance wieder herstellen. Oft tun wir intuitiv das Richtige in belastenden Situationen, indem wir aufstehen vom Arbeitsplatz und im Zimmer herumgehen. Durch die Bewegung aktivieren wir nicht nur durch das Sitzen erlahmte Muskeln und Organe, sondern schaffen automatisch eine räumliche und zeitliche Distanz zu der Sache selbst. – Entscheiden Sie sich bei den Tipps und Tricks zur Selbstüberlistung und gegen massive und andauernde Selbstablenkung und Konzentrationsdefizite für die Anregungen, die Ihnen zum Abschalten persönlich eher liegen. Aber vergessen Sie nicht, Anderes auszuprobieren, Augen und Ohren für weitere Methoden zu öffnen, die Sie ergänzend in Ihrem

»Forschertagebuch« auf einer besonderen Seite eintragen können und Ihre Offenheit gegenüber neuen Sachen überhaupt zu erhalten und weiter zu entwickeln:

- Stehen Sie von Ihrem Stuhl auf, öffnen Sie das Fenster und atmen Sie siebenmal tief durch die Nase ein und den Mund aus. Schließen Sie die Augen und stellen Sie fest, wie viele unterschiedliche Geräusche Sie in etwa zwei Minuten wahrnehmen.
- Praktizieren Sie »Stuhlgymnastik«, indem Sie im Sitzen die Streck- und Beugemuskulatur Ihrer Arme und Beine aktivieren.
- Verordnen Sie sich einen Spaziergang weg von Ihrem Dienstgebäude als gezielte Unterbrechung und nehmen Sie bewusst Schönes in der Natur wahr. – Setzen Sie Gedankenstopps, wenn der »miesliche Kram« Ihnen nicht aus den Gedanken gehen will.
- Erinnern Sie Aphorismen und Sprichwörter, die in den Kontext passen – auch humorvolle Ableitungen sind geeignet, Sie wieder an die Arbeit zurück zu bringen: Frisch dabei – frisch davon; Was du heut nicht willst besorgen, das verschieb getrost auf morgen; Der frühe Vogel fängt den Wurm; Morgenstund hat … im …; Wer rastet der rostet; First things first; Auf die Dauer hilft nur Power; und so fort …
- Nehmen Sie Ihre Unterlagen und verziehen Sie sich in einen anderen Raum: Konferenzzimmer, Cafeteria, freie Lehrerstation, die Bank auf dem Schulhof, eine Ecke im Schulgarten, die Bibliothek etc.
- Nutzen Sie Entspannungstechniken, die Sie sich über zehn Minuten vom Tonträger vorspielen lassen oder zu denen Sie sich selbst instruieren: Jacobson-Training, Fantasiereisen, Autogenes Training u. ä.
- Hören Sie Musik, die Sie als entspannend empfinden, während Sie für zehn Minuten in einem Besuchersessel vor sich hin dösen. – Je nach Belieben können auch fetziger Pop, swingender Jazz oder laute Klassik erholsam wirken
- Halten Sie das berühmte »10-Minuten-Büroschläfchen«, indem Sie z. B. Ihren Stuhl vom Schreibtisch abrücken, sich bequem hinsetzen und Ihr Schlüsselbund mit Daumen und Zeigefinger halten. Kommen Sie bewusst zur Ruhe und schließen Sie die Augen. – Bevor nach etwa zehn Minuten die Tiefschlafphase beginnt sind Ihre Muskeln so entspannt, dass die Schlüssel zu Boden fallen und Sie erholt wieder aufwachen.
- Stellen Sie sich ans offene Fenster und bringen Sie mit ein paar Fitness-Übungen Ihren Kreislauf und Ihre Muskulatur in Gang. Das bringt auch frischen Wind in Ihre Gedanken.

## Realisierung der anstehenden Aufgaben

- Verlegen Sie Ihren Arbeitsplatz für eine Zeit in ein Café oder Bistro in der Nähe. Eine kontrastreiche Umgebung gibt Ihnen eine ganz andere Perspektive auf die Sache, an der Sie im Büro »hängen geblieben« sind und damit steigen die Chancen, das Problem unter Nutzung des anderen Blickwinkels von einer ganz anderen Seite her anzugehen.
- Wenden Sie sich vom Schreibtisch und der Blockadesituation ab und lenken Sie sich mit etwas Schönem bewusst ab, das Ihre Kreativität aktiviert. Z. B. eine Gästeliste für eine tolle Feier ganz nach Ihrem Geschmack aufschreiben; stellen Sie sich das Setting des Witzes vor, über den Sie sich besonders amüsiert haben und besetzen Sie die Rollen mit prominenten Persönlichkeiten aus Politik, Film und Fernsehen; zeichnen Sie auf dem Fensterbrett eine Skizze wie das, was Sie sehen, aussehen würde, wenn Sie der Stadt- oder Landschaftsplaner wären und lassen Sie Ihrer Fantasie zehn Minuten freien Lauf … Je verrückter Ihre Ideen sind, desto besser.
- Rufen Sie jemand Vertrautes an, schildern Sie Ihre Lage und fragen Sie nach, was er oder sie tun würde. Damit splitten Sie Ihre Last und bekommen Lösungsvarianten geliefert.
- Nutzen Sie das o. g. »Columbo-Prinzip«, um den Blockadeverursachern auf die Spur zu kommen und ihnen anschließend den Stachel zu ziehen.
- Verlassen Sie den »Tatort« und kehren Sie mit etwas Schönem für den Schreibtisch zurück. Ein bunter Blumenstrauß z. B. tut der Psyche gut und unterstützt die Motivation, die Sache in einer freundlichen Umgebung gezielt zu Ende zu bringen.
- Wandeln Sie Ihr negativ besetztes Denken und Fühlen in positive Formulierungen um, wenn Sie ähnliche Gegenüberstellungen in Ihr »Forschertagebuch« schreiben:

| Von: | Zu: |
|---|---|
| abhängig | souverän |
| dirigieren | mitsingen |
| Angst | Sicherheit |
| Konfrontation | Kooperation |
| Zeitdruck | Gelassenheit |
| Überstunden | Zeit für die Familie |
| still stehen | voran kommen |
| nervös | gelassen |

wicklungszielen und Umwandlungsappellen aus und setzen einzelne Puzzlestücke für Ihr Bild von der Zukunft.
- Bedenken Sie bei Ihren »Selbstüberlistungs-Strategien«, dass laut einer Kienbaum-Studie etwa 5 % der wichtigsten Verbesserungsideen am Arbeitsplatz entwickelt werden, 10 % in der Freizeit in Gesellschaft mit anderen und 85 % beim Alleinsein in Abwesenheit vom Arbeitsplatz ... (simplify your work, Mai 2004)

Der Arbeitsalltag von Schulleitungskräften ist stark von **Kommunikation und Beziehungsarbeit** geprägt. In diesem Kontext fällt es oft schwer, den Übergang zu Arbeiten zu schaffen, die auch über längere Zeiträume Ruhe und Konzentration benötigen. Das Wissen um das eigene Arbeitsprofil (effizienteres Arbeiten in kurzen Einheiten oder effektiveres in langen Zeitblöcken) und der kontrollierte Umgang mit den persönlichen Unterbrechungsimpulsen sind dazu geeignet, Konzentrationsverlust, Gedankenblockaden und innerer Leere sinnvoll vorzubeugen. Die Akzeptanz der Existenz dieser »Energiefresser« ist wichtig, um ihnen konsequent mit den angemessenen Mitteln begegnen zu können und zufrieden, souverän und ausgeglichen zu arbeiten.

Das **Unterbewusstsein** ist grundsätzlich darauf ausgerichtet, dass es uns gut geht. Unsere **innere Stimme** ist eines seiner Instrumente, auf das wir hören sollten. – Nehmen Sie aber auch **Körpersignale** unbedingt Ernst; denn Sauerstoff-, Flüssigkeits-, Bewegungs- und Kohlenhydratmangel melden sich unweigerlich mit Kopf-, Muskel- und Magenschmerzen, Zittrigkeit und Nervosität, die ihr Übriges dazu beitun, Unwohlsein zu verbreiten und die Leistungsfreude und -bereitschaft gegen Null abzusenken. Deshalb gehören **Pausen und Ablenkungen** unbedingt zu einem guten Zeit- und Selbstmanagement; denn ohne ausreichende Pausen kann keine Arbeit über einen längeren Zeitraum gelingen und die Vernachlässigung von Familie, ureigenen Interessen, Gesundheit, kulturellen und geistigen Bedürfnissen schlägt sich unweigerlich negativ auf das berufliche Gelingen aus.

**Gesundheitsprophylaxe,** kreative Frischluft-Pausen, Entspannungstechniken, anregende Gespräche, Verzicht auf zu viel Kaffee und Alkohol etc. bieten gute Voraussetzungen für ausgewogene Anstrengungs- und Erholungssequenzen und helfen seelische und körperliche Überforderungstendenzen zu vermeiden. – Und beherzigen Sie die Lebensweisheit erfahrener Kopf-Arbeiter:

> »Unsinn wird oft in unbelüfteten Räumen ›angedacht‹«.

### 6. Leistungskurven nutzen

Der komplexe Begriff »**Leistung**« in Bezug auf Qualität und Quantität meines Tuns ist ein Produkt der Dimensionen

- **Leistungsbereitschaft** – das ist die Frage des *Wollens* und des *Motiviertseins*;
- **Leistungsfähigkeit** – das ist die Frage des *Könnens*, der *Kompetenzen* und der *Fertigkeiten*; und
- **Leistungsmöglichkeit** – das ist die Frage der *Bedingungen*, der *Chancen*.

Diese drei Variablen sind wechselwirksam. Das heißt, dass sich Leistung immer nur aus dem Zusammenspiel dieser drei Dimensionen ergibt. – Das heißt aber auch: »Ist eine dieser Komponenten zu schwach ausgeprägt oder kann sie sich nicht optimal entfalten, kann demzufolge nicht die bestmögliche Leistung erbracht werden.« (Reinhard Sprenger, 1999)

Die Verantwortlichkeit bezüglich der 1. Dimension liegt **vornehmlich bei mir selbst** und wird nur sehr gering von außen mit bestimmt; es ist das Commitment, das ich für all das lebe, was mir wichtig ist, mein Engagement für Familie, Partnerschaft, Beruf, Freundschaften usw.

Die Verantwortlichkeit bezüglich der 2. Dimension liegt je **etwa zur Hälfte bei mir selbst** wie auch in den Bedingungen, unter denen ich handle und wirke; es liegt sowohl in meiner Selbstverantwortung, meine Stärken auf meinem Spielfeld zu nutzen und weiter zu lernen, als auch an den Gelingens- bzw. Misslingensbedingungen, die mir seitens meiner persönlichen Disposition und seitens der von außen her bestimmten Rahmen vorgesetzt werden.

Die Verantwortlichkeit bezüglich der 3. Dimension liegt nur **in ganz geringem Maße bei mir selbst**; es sind die Ereignisse und Bedingungen, die von außen wirken und weitgehend außerhalb meiner eigenen Kontrolle liegen wie vegetativ gesteuerte physiologische Vorgänge, Gesetzes- und Erlassvorgaben, schicksalhafte Ereignisse usw.

Mit den ersten beiden Dimensionen und unseren Handlungsmöglichkeiten haben wir uns hier schon in einiger Ausführlichkeit auseinander gesetzt. Als besonders Leistung mitbestimmend möchte ich für das Wirkungsfeld der dritten Dimension den **Biorhythmus** aufs Korn nehmen.

Mithilfe der Uhr ist unsere Zeit in feste Einheiten unterteilt, in denen wir etwas leisten sollen – und auch wollen. Arbeitsanfang und -ende sind weitgehend festgelegt – und darum herum verteilt sind alle anderen Phasen des Tages. Diesem **linearen Umgang** mit der Zeit entspricht auch die Einteilung in Jahre, Wochen und Monate, Arbeitstage und arbeitsfreie Wochenenden, Urlaubs- und Ferientage, wie sie in unserer Kultur entstanden sind. Darüber hinaus beziehen wir uns auf einen eher **zyklischen Aspekt** der Zeit im Verständnis von Tag und Nacht, Morgen und Nachmittag, Sommer und Herbst usw.: »Zyklische Zeit enthält Phasen des Wachsens und Produzierens und Phasen des Regenerierens und scheinbarer Unproduktivität. (…) Dieser zyklischen Zeit haben sich Lebewesen, einschließlich des Menschen, im Laufe ihrer Entwicklung angepasst: Wir haben einen biologischen Rhythmus, eine *innere Uhr* eingespeichert.« (Heinz Hütter, 2002) – So, wie die differenzierten Systeme in der Natur durch ihre Wachstums- und Ruhezyklen sich ihren Bestand sichern, erhält sich auch der menschliche Organismus durch spezifische Biorhythmen seine Lebens- und Leistungsfähigkeit. Energiephasen, energieärmere Zeiten und ausdrückliche Ruhezustände wechseln sich in bestimmten Folgen ab.

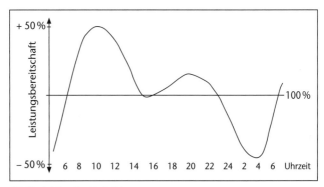

*Abb 15: Leistungsbereitschaftskurve*

Die Abbildung zeigt eine allgemeine und **durchschnittliche Leistungsbereitschaftskurve**, bei der der Leistungshöhepunkt von 6 Uhr früh ansteigend etwa bei 10 Uhr vormittags liegt. Das Nachmittagstief – auch »Suppenkoma« genannt – reicht etwa von 14 bis 16 Uhr. Ihm folgt bis ca. 20 Uhr ein vergleichsweise flacher Leistungsanstieg, bis sich gegen 3 Uhr morgens das absolute Leistungstief einstellt.

Diese statistischen Hochs und Tiefs sind sicherlich nicht unbedingt auf Ihren persönlichen Leistungsrhythmus übertragbar. Durch individuell geprägte Gewohnheiten und Merkmale gibt es durchaus Verschiebungen.

Zeichnen Sie einmal Ihre eigene Tagesleistungskurve auf, indem Sie die Koordinaten in Ihr »Forschertagebuch« übertragen. Sollten Sie Ihre Zeit-Leistungs-Daten noch nicht kennen, dann beobachten Sie sich einige Tage, um Ihre Hochs und Tiefs kennen zu lernen und Sie zukünftig für Ihre effektive Aufgabenplanung nutzen zu können.

Mit Ihrer eigenen Phasenstruktur vor Augen werden Sie es schaffen, sich Ihre »A-Aufgaben« dann vorzunehmen, wenn Ihre Leistungsbereitschaft günstig für komplexe, herausfordernde Tätigkeiten ist, um »C-Aufgaben« eher in Leistungstiefs wegzuschaffen. Wenn es Ihnen gelingt, sich mit Ihrem Arbeiten und Ihrer Zeitplanung dem natürlichen Wechsel von Leistungsfähigkeit und Regeneration anzupassen, werden Ihnen die schwierigen Dinge leichter von der Hand gehen und Sie werden Ihre Produktivität mit größerer innerer Zufriedenheit verbessern. Folgen Sie strikt der bewährten Erfolgsregel, dass Sie anspruchsvolle Tätigkeiten in persönlichen Hochenergiephasen erledigen und Einfacheres für energieärmere Zeiten einplanen. Das heißt aber nicht, in den ermatteten Kurventälern ganz und gar abzuschalten, sondern aktiv zu bleiben und Routinearbeiten en bloc zu erledigen wie bestimmte Telefonate, bestimmte Korrespondenz, Ablagetätigkeiten usw. Freuen Sie sich darüber, eine Menge Kleinkram erledigt zu haben und wenden Sie sich dann wieder Anspruchsvollem zu. Lassen Sie sich nicht darauf ein, dass die »Tiefphase« Sie bis zum Feierabend in ihren Fängen behält.

Wenn Sie mit Ihrem Biorhythmus ganz und gar nicht zufrieden sind, dann haben Sie auch die Möglichkeit, ihn auf Ihre Belange hin zu ändern, weil er ja im Großen und Ganzen aufgrund von Prägungen und Gewohnheiten verankert und durch langes Üben Teil des Verhaltens wurde. Wie man mit »unguten Gewohnheiten« umgehen kann, darüber haben wir uns ja bereits ausführlich unterhalten. Und sicherlich kennen Sie auch Beispiele aus dem Kreis Ihrer Kolleginnen und Kollegen, die als Führungskräfte in ihren Schulen eher antriebslos und ermattet auf »Sparflamme« tätig sind, während sie ab 16 Uhr bis in den späten Abend hinein in ihrer Rolle als Vereinsfunktionärin oder Kulturausschussvorsitzender agil, fantasievoll und tatkräftig zu Höchstleistungen auflaufen ... So biegsam kann ein Biorhythmus sein ... Aber auch ihn im positiven Sinne zu verändern kostet fraglos Energie zur Überwindung der alten Struktur, Durchhaltevermögen gegen die Macht der Gewohnheit und Beharrlichkeit in der Übung des Neuen. Zu Letzterem hatte sich Calvin Coolidge als US-Präsident (1923 – 1929) ausdrucksvoll geäußert:

**»Nichts auf der Welt kann Beharrlichkeit ersetzen:**
- **Talent nicht; denn nichts ist so verbreitet wie erfolglose Menschen mit Talent.**
- **Genie nicht; denn unbelohnte Genialität ist beinahe sprichwörtlich.**
- **Ausbildung nicht; denn die Welt ist voller ausgebildeter Wracks.**

**Beharrlichkeit und Entschlossenheit allein sind allmächtig.«**

# 6. Konferenzen und Co. – meine Rolle als Wächter über die Zeitkontingente meiner Schule

Ging es bis jetzt in diesem Buch um die Möglichkeiten Ihr persönliches Zeit- und Selbstmanagement zu entwickeln, so möchte ich diesen Horizont nun weiten und die **Befindlichkeit unserer Institution Schule** als solcher in den Vordergrund stellen.

### Punkt 1 der institutionellen Befindlichkeit

Auf Platz sieben der »Hitliste der Störfaktoren« am Anfang des vorangegangenen Kapitels habe ich entsprechend der Angaben vieler Schullehr- und Leitungskräfte bei Fortbildungskursen die Konferenzen und Dienstbesprechungen hinsichtlich des Zeitaufwands und der damit erzielten Ergebnisse aufgeführt. Diese Schulveranstaltungen werden damit von den Betroffenen in die Ecke der **größten kollektiven »Zeit- und Energiefresser«** gestellt.

Wenn nach Pareto in 20 % der Konferenz- und Besprechungszeit 80 % der wichtigen Beschlüsse erarbeitet werden – und 20 % der Beteiligten dabei 80 % der zu den Ergebnissen führenden Arbeitsleistungen erbringen, dann stellt sich die Frage: **Was** geschieht in der übrigen Zeit? und/oder **Was tun die Anderen** in dieser Zeit?

Mir liegt nicht daran, hier eine Liste der Peinlichkeiten auffälliger und verantwortungsdeviranter Verhaltensweisen Einzelner oder ganzer Gruppen unserer letztendlich Schulverfassung gebenden Versammlungen niederzuschreiben; denn unsere »Pappenheimer und ihre Macken« kennen wir nur zu gut. Aber die ärgerlichen, frustrierenden und kostbare Zeit vernichtenden Szenarien werden auch durch nachlässige und **ineffiziente Führungs- und Leitungskonzepte** verursacht.

Die folgende Glosse entwirft ein m. E. eindrucksvolles Bild:

## Tagungsdramaturgie

|  | Komödie | Tragödie |
|---|---|---|
| VORSPIEL: | *Sind alle mit der Tagesordnung einverstanden?* | |
|  | Keine Diskussion | Änderung der Tagesordnung nach einer halbständigen Diskussion |
| I. Akt: | *Wo stehen wir? (Bericht des Vorsitzenden, Referenten u. ä.)* | |
|  | Einer redet, alle schweigen, langweilen sich, zeichnen Strichmännchen oder schreiben eine Satire. | Einer steht auf und behauptet das Gegenteil; es entsteht eine erregte und fruchtlose Diskussion zwischen dem Referenten und seinem Herausforderer. |
| II. Akt: | *Gehen wir in die Arbeitsgruppen!* | |
|  | Die Gruppenmitglieder lachen über Gott und die Welt. | Die Gruppenmitglieder erarbeiten im Schweiße ihres Angesichts ein Positionspapier mit Minderheitenvoten. |
| III. Akt: | *Können die Gruppen ihre Ergebnisse vortragen?* | |
|  | Schnell und heiter liest der Gruppensprecher die willkürlich zusammengeschusterten Phrasen vor. | Einige Gruppensprecher geraten sich ideologisch in die Haare; Schwachnervige Plenumsmitglieder verlassen den Raum. |
| IV. Akt: | *Wie sollen wir nun weiter vorgehen?* | |
|  | Teilnehmer schlagen einen neuen Tagungsort vor. | Teilnehmer meinen, die Konflikte müssten auf einer neuen Tagung noch weiter bearbeitet werden. |
| V. Akt: | *Ich wünsche allen eine gute Heimfahrt.* | |
|  | Teilnehmer verschwinden vergnügt. | In Gruppen gehen die Teilnehmer wild gestikulierend hinaus. |
| NACHSPIEL: | *Was machen wir jetzt?* | |
|  | Sie trinken ein Bier auf das Wohl der Organisatoren. | Sie trinken Weißwein beim Italiener und suchen sich selbst. |

*Abdruck »Tagungsdramaturgie«*               *(Sebastian Verb, 1994)*

Nehmen Sie sich einen Augenblick Ihrer kostbaren *Zeit*, und kommen Sie Ihren Gefühlen nach dem Lesen der beiden Dramen auf die Spur: Wie erleben Sie Ihre Konferenzen und Arbeitsbesprechungen? Ähneln sie eher diesen »Tragödien« oder mehr den »Komödien«? Machen Sie die Vorstellungen eher hilflos und enttäuscht (Ich würde ja gern, aber ...)? Oder mehr ärgerlich und bissig (Die haben das nicht anders verdient, weil ...)?

Wenn Sie sich lieber sachlich-analytisch den Appellen der sieben Szenenbilder nähern möchten, dann empfehle ich Ihnen als erfahrenem Tagungsteilnehmer die Bearbeitung der folgenden Aufgaben, wie sie Sebastian Verb vorschlägt:

Ordnen Sie bitte folgende Satzteile oder Sätze der Spannungskurve und der Dramenform zu!

1. Ich habe das Gefühl, wir entwickeln uns auseinander.
2. Schreib schnell was auf!
3. ... erinnere ich Sie an die Projektphilosophie ...
4. Eine Scheiß-Tagung!
5. Ich fühle mich jetzt ganz verunsichert.
6. ... ganz konkret festmachen an einer ganz konkreten Situation ...
7. Das treibt mich um.
8. Wir haben jetzt genug diskutiert.
9. ... wechselseitiges Geben und Nehmen ...
10. Ich habe deutliche Erwartungen!

Mehrfachzuordnungen sind möglich; die Aussagen sind Zitate aus Originalmitschriften.

Als Planer und gesetzlich bestimmte Vorsitzende von Konferenzen und Dienstbesprechungen sind Sie direkt davon betroffen, die Verantwortung dafür zu tragen, wenn bei vielen Teilnehmenden der Eindruck herrscht, dass ...

- ihre Zeit vertan ist,
- sie keine reale Chance haben ihre Beiträge konstruktiv einbringen zu können,
- Zeit eigentlich nur abgesessen wird,
- nur dieselben Leute wie immer zu Wort kommen und die Zusammenkunft von einzelnen selbstverliebten Vielrednern, Clowns, Streithähnen etc. in Beschlag genommen wird,
- Dauer und Inhalte unberechenbar sind,

- Ergebnisse unverbindlich bleiben und nicht ernst genommen werden usw.

Diese Liste der **Kritik am Ist-Zustand** ließe sich fraglos weiter ergänzen. Auch eine eingehende Analyse der Ursachen, warum unsere Dienstbesprechungen so sind, wie sie sind, ist sicherlich hoch interessant; doch diese Neugier kann an dieser Stelle nicht befriedigt werden, weil es den Rahmen dieses Handbuches sprengen würde.

Hier kommt es mir darauf an, Sie für die **unbefriedigenden Befindlichkeiten** vieler Beteiligter in Sachen Dienstbesprechungen zu **sensibilisieren**, die ja der Mittelpunkt formaler Information und Kommunikation (Punkt 6 des Regelkreises!) in unseren Schulen sind. Nutzen Sie Störungen in diesem Sinne als Impulse, um mit den Mitgliedern Ihrer Schulgemeinde ins Gespräch zu kommen. Vielleicht finden Sie **gemeinsam** Wege aus einem nur vordergründig aussichtslos erscheinenden Dilemma der Zeit-, Energie- und Kostenverschwendung (Punkt 6 des Regelkreises!) und setzen dem Geschehen, wie es in der Apostelgeschichte Kap. 19, Vers 32 beschrieben ist, ein Ende:

> **»Etliche schrieen so, etliche ein anderes. Und die Gemeinde war irre. Und die meisten wussten gar nicht, warum sie zusammengekommen waren.«**

Einige **Tipps** müssen an dieser Stelle genügen, um Ihnen Stichpunkte zur Initiierung eines **kontinuierlichen Verbesserungsprozesses** im Bereich Konferenzen, Dienstbesprechungen und Arbeitsgruppensitzungen mit dem Ziel zu liefern, diese Termine **effektiver** zu organisieren und durchzuführen:

1. Schaffen Sie »**Spielregeln**« (z. B.: Pünktlichkeit für Beginn und Ende; gegenseitige Achtung der Beteiligten; Vermeidung von Killerphrasen wie: ... geht nicht, ... haben wir keine Zeit für, ... macht nur Arbeit, alles Theorie ..., wieder so'n Psychokram ..., warten wir erst mal ab ..., u. ä.; Begrenzung auf zwei Stunden, weil konzentriertes Arbeiten über 60 Minuten hinaus uns ganz einfach überfordert.) und sorgen Sie für die Einhaltung der Zeitabsprachen – vor allem bei arbeitsteiligen Verfahren – während des Verlaufs.
2. Sorgen Sie für **Arbeitsteilung** im Vorfeld: Zur Vorbereitung bestimmter Themen sollten Sie Experten einschalten, die es in jedem Kollegium gibt; denn dass Sie Alles können, glaubt sowieso niemand

und erwartet auch keiner. Sie profilieren Lehrkräfte, indem Sie Arbeit delegieren, ihnen Verantwortung übertragen und ihnen Kompetenzen zutrauen.
3. Nehmen Sie nicht mehr als **zwei** oder drei **echte A-Aufgaben** in die Tagesordnung einer Sitzung; denn das stellt zufriedenstellende Ergebnisse in Aussicht und beugt der bösen Vorahnung »… das gibt wieder kein Ende …« vor. – Informationen der C-Kategorie können durch Umlauf, Aushang, Info-Blatt o. ä. verbreitet werden. Das dauerhafte Vorlesen aus Schulverwaltungsblättern hat nach dem Motto »Wenn alles schläft und einer spricht …« einen entwürdigenden Beigeschmack für die, die zuhören müssen. Und wenn die Veranstaltung sich bereits vor dem geplanten Zeitpunkt zum Ende neigt, dann propagieren Sie den vorzeitigen Schluss als Belohnung für gute Leistungen.
4. Schreiben Sie klar und eindeutig formulierte **Abstimmungsvorschläge, Problemstellungen** oder **Ziele** in die Einladung; denn mit fünfzehn und mehr Beteiligten ist das gemeinsame Formulieren von sinnvollen Sätzen kaum möglich.
5. Nutzen Sie **Sozialformen** während der Besprechung, wie Sie es in Ihrem erfolgreichen Unterricht tun; denn Wichtiges im Plenum zu diskutieren und gemeinsam zu erarbeiten geht in größeren Kollegien nicht gut, sorgt für Unmut und schlechte Stimmung und ist hochgradig ineffizient. Lassen Sie Zufalls- oder Neigungsgruppen themengleich oder themendifferenziert arbeiten, das beteiligt alle an der Sache, motiviert zur Mitarbeit und Mitverantwortung, sorgt für Abwechslung und notwendige Bewegung durch Aufstehen und Raumwechsel, beugt der »geistigen Emigration« vieler vor und intensiviert die Kommunikation untereinander. Die Arbeit in den Rollen: **Moderation** (führt zu den Gruppenergebnissen hin), **Dokumentation** (hält die Gruppenergebnisse fest) und **Präsentation** (stellt die Gruppenergebnisse im Plenum vor) fördert die Verantwortlichkeit zu sinnvoller Zeitnutzung und hilft zugleich Methodenkompetenzen im Kollegium zu entwickeln. Setzen Sie klare Zeitlimits für die Auftragsbearbeitung, damit keine »Pausenverschleppung« entsteht.
6. Setzen Sie **Medien** ein und visualisieren Sie das Vorankommen und die Ergebnisse der Konferenzarbeit möglichst über den Tag des Geschehens hinaus (Flipcharts sind dafür unübertroffen!), so dass die Produkte der Arbeitssitzung noch am nächsten Tag präsent sind.

**7.** Sorgen Sie vor dem »TOP Verschiedenes« dafür, dass am Ende jeder weiß, **wer was bis wann zu tun hat**, indem Sie in einer Zusammenfassung die Ergebnisse und die sich daraus ergebenden Aufgaben knapp wiederholen bzw. noch besser von der Protokollführung wiederholen lassen.

Die **zielgerichtete Aktivierung** aller Lehrkräfte und Interessenvertreterinnen und -vertreter gibt ihnen das Gefühl, ernsthaft beteiligt zu sein, **erhöht** die Wahrscheinlichkeit des **Engagements und** des **Commitments** für »ihre« Sache und beugt Bestrebungen prinzipieller Blockierer vor, bereits nach der offiziellen Veranstaltung bei informellen Treffs erste Boykott-Parolen zu verbreiten.

Viele Schulentwicklungsprozesse geraten m. E. ins Stocken oder laufen ins Leere, weil Schulleitungen sie als eine Art Steckenpferd oder Geheimkommando betreiben und Kollegien kaum darüber informiert sind, welches »Profil« ihre Schule überhaupt hat. (Punkt 6 des Regelkreises!) Manchmal erfahren sie davon auch in den Lokalnachrichten ihrer Tageszeitung. Veröffentlichen Sie das, was Sie gemeinsam erarbeitet und erreicht haben zumindest innerhalb Ihrer Schule; denn das sorgt für eine stärkere »Corporate Identity« und macht den »Stand der Dinge« für alle transparent ... und machen Sie sich eine Aussage in Anlehnung an Erich Kästner zu Eigen:

> **»Es gibt nichts Gutes, außer man tut es – gemeinsam.«**

### Punkt 2 der institutionellen Befindlichkeit

Mit gezielter Aufmerksamkeit kann man in Schulen zu bestimmten Zeiten eine regelrechte **Ballung vieler und vielfältiger Aktivitäten** beobachten. In Elterninformationen werden zu diesen bestimmten Zeiten Sport- und Spielfeste, Projektunterrichte, Wandertage, Schule in der Natur, Stadt- und Landerkundungen unter diversen Themenschwerpunkten, Tage der offenen Tür, Nachbarschaftsbegegnungen, Naturnahes Lernen an außerschulischen Lernorten, Schulfeste, Verabschiedungs- und Entlassungsfeiern, Theaterproduktionen usw. angekündigt und zur aktiven Beteiligung aller aufgerufen. Die Terminierung mehrerer Veranstaltungen hintereinander ist auffällig eng gehalten und die Veranstaltungsprogramme erwecken nebenbei den Eindruck, dass hier bestimmte Marketing-Konzepte zum Zuge kommen sollen. Ein Blick auf

## Konferenzen und Co.    87

Ihren Büro-Jahresplaner lüftet das Geheimnis; denn es handelt sich um die prekäre Situation der Zeit **kurz vor Schuljahresende**.

Wenn ich danach frage, warum das alles gerade zu der Zeit stattfindet, dann geht es in den Antworten stereotyp um Traditionen und Gewohnheiten und besondere Angebote didaktisch-methodischer Konzepte, um die ausgepowerten Schüler und Schülerinnen zu motivieren und bei der Stange zu halten.

Diese Aussagen sind in erster Linie schlüssig, weil Traditionen Zusammenhalt stiften und Orientierungspunkte in unserer immer komplexer werdenden Welt sind. Und innovative, offene, schülerorientierte und abwechslungsreiche Methodenkonzepte sind ohnehin begrüßenswert.

Aber wie bei jeder Medaille gibt es auch hier die zweite Seite. – Und wenn Lehrkräfte über die **Zusatzbelastungen** durch die gehäuften Sonderveranstaltungen neben der Erledigung der Zeugnisformalitäten und jahresabschließenden Verwaltungsaufgaben stöhnen und Schulleitungen über die **zusätzlichen Anforderungen** durch Sonderpläne und sonstigen zusätzlichen Organisationsaufwand usw. klagen, dann scheint hier etwas **aus der Balance** geraten zu sein – zumal die Schüler und Schülerinnen noch eine ganz andere Sicht bezüglich dieser besonderen Aktivitäten äußern ... und sie sind für ihre treffende und differenzierende Beobachtungsgabe bekannt.

Zwar sind wir im täglichen Umgang mit Schule an **Paradoxien** so gewöhnt wie in kaum einem anderen Dienstleistungsunternehmen; doch sollte das m. E. für Führungskräfte nicht Argument genug sein, sich diesem Schicksal vorbehaltlos zu ergeben.

Es ist kein Zufall, dass sich **Termine** für Klausuren, Tests, Lernkontrollen und Klassenarbeiten **vor den Ferien** dicht gedrängt auf den Jahresplanern in Lehrerzimmern finden. Je nach Definition stehen in dieser Zeit drei bis fünf schriftliche »Lernstandsüberprüfungen« pro Woche für die Schüler und Schülerinnen an; und **vor Zeugnisterminen** kommen noch diverse mündliche Wissenskontrollen zur finalen Zensurenfindung hinzu. Diese Situationen bedeuten Stress für die Lernenden. Aber auch die Lehrenden sehen sich in dieser Zeit einer Flut von Korrekturarbeiten gegenüber, die immer wieder beklagt wird und die jemandem mit zwei bis drei Korrekturfächern in drei bis vier Kursen bzw. Klassen das Leben ohne Zweifel schwer machen kann.

Diese **saisonale Arbeitsverdichtung** wird grundlegend pädagogisch begründet, weil …
- die Planung der Unterrichtseinheiten naturgemäß bis zu dem jeweiligen Ferienbeginn ausgelegt ist;
- die Lernkontrollen immer am Ende einer größeren Lerneinheit stehen, um entsprechend der umfangreichen Stofffülle aussagekräftige Leistungsnoten zu erhalten;
- die Lernenden über die Ferien sowieso alles vergessen und man nach der unterrichtsfreien Zeit wieder von vorn anfangen muss.

Diese Begründungen erachte ich als **Glaubenssätze**, die aus Gewohnheiten heraus entstanden sind und aufgrund kollegialer Pflege in der Zeitwahrnehmung überdauern. Andersdenkende, die sich z. B. auf Erkenntnisse der modernen Lern- und Vergessenspsychologie verstehen und sich auch zur eigenen Entlastung nicht an der Hektik der Vor-Ferientermine beteiligen wollen, werden gewöhnlich schnell wieder in das Organisationsverhalten resozialisiert bzw. erfolgreich in die Tradition der Gemeinschaft eingebunden. Beliebt dabei sind so genannte »Hammer-Argumente« wie: »Ham'mer immer so gemacht …« – »Ham'mer 'n Konferenzbeschluss drüber …« – »Ham'mer kein' Bedarf für …« usw.

Viele fachlich hochqualifizierte Frauen entschließen sich aufgrund dieses hausgemachten Stresses und aus Verantwortung sich selbst, ihren Familien und den Lernenden gegenüber für Teilzeitarbeit; und bei Lehrern ist er ein nachgewiesener Auslöser zur Entwicklung von **Burnout-Symptomen**.

Wenn es ein ernstes Anliegen von Schule ist, sich zu einer humaneren und salutogenen Institution zu entwickeln, dann kann die kritische Reflexion der Klausur- und Klassenarbeitsplanung ein Schritt in die richtige Richtung sein. Und gemeinsam Alternativen zu erstellen ist dann ein nächster gemeinsamer Schritt, Verantwortung zu realisieren. – Allerdings sind die Führungs- und Leitungskräfte gefragt Impulse zu setzen bzw. aufzunehmen und Initiativen zu ergreifen, weil sie Verantwortung tragen wollen.

Wie sehen die oben beschriebene Szenarien für Sie aus, wenn Sie sie aus der »**Adlerperspektive**« betrachten? Wie, wenn Sie die »**Sicht eines Maulwurfs**« einnehmen?

- Wie denkt Ihre Schule in diesem Kontext über den Aspekt des »**Aufladens**« bzw. des »**Aktionismus**«?

- Wie geht das System Ihrer Schule mit den **Zeitressourcen seiner Mitglieder** um?
- Wie ist es um eine **ausgewogene Langzeitplanung** der Institution bestellt?
- **Wer** wacht über das Zeitverhalten Ihrer Organisation?

Traditionen haben ebenso wie Rituale und Gewohnheiten viele positive
Seiten. Aber sie müssen auch einer **kritischen Reflexion** bezüglich ihrer Funktionalität Stand halten. – Andernfalls müssen sie abgelöst werden entsprechend des o. g. Dörner Zitats hinsichtlich der »jahrelangen Erfahrungen« … Informelle Gespräche im Kollegium können schnell zu Informationen über die Befindlichkeit einzelner oder Gruppen gelangen, um den Erfolg von Maßnahmen zur Veränderung ungeliebter Routinen abzuschätzen. (Punkt 6 des Regelkreises!)

Vielleicht kann Ihnen in Ihrem Entscheidungskonflikt
ein Zitat von Bertrand Russel helfen:

> **»Das ist der ganze Jammer: Die Dummen sind so sicher und die Gescheiten so voller Zweifel.«**

# 7. Kontrolle der Ergebnisse – die persönliche Bilanz im Umgang mit meinem »48-Stundentag«

Mehr Zeit zu haben wünschen sich die meisten von uns. Und in einem bedeutenden Sinne haben wir tatsächlich mehr Zeit geschaffen; denn wir Menschen werden immer älter. Allerdings hat es den Anschein, dass sich das Gefühl, mehr Zeit zu haben, noch immer nicht einstellen will. – Ganz im Gegenteil: Noch immer hat der Tag nur 24 Stunden und für alles, was es zu tun gibt, reichen diese oft gefühlsmäßig nicht aus und es wäre manchmal günstiger, er hätte 48 Stunden.

Aber die Erdrotation dauert 24 Stunden und danach bestimmt sich der Rhythmus von Tag und Nacht – ob das auch dem menschlichen Lebensrhythmus entspricht, das müssen wir an dieser Stelle unbeantwortet lassen. Interessant ist es, die Initiativen von Chronobiologen zu verfolgen, die die unterschiedlichen Lebenstakte von Lebewesen untersuchen und festgestellt haben, dass das mehr mit Körpergröße und Lebenslänge zu tun hat als mit der Erdrotation. Und bevor die Zeitmessung, z. B. angepasst an die menschliche Herzfrequenz, für einen 28-Stundentag in einer 6-Tagewoche realisiert wird, werden wir weiterhin mit unseren 24 Stunden an 365 Tagen im Jahr auskommen müssen.

Die Zeit zu vermehren oder auf einem Konto zu sparen vermögen wir nicht. Aber wir haben direkten Einfluss darauf, wie wir unsere Zeit verbringen und in welchem Maße wir sie selbstentschieden nutzen oder sie von anderen vereinnahmen lassen. Dieser selbst zu verantwortende Umgang mit der Zeit ist ein individuell geprägter und komplexer Problembereich, den ich mit Blick auf die besondere Berufssituation von Schulleitungskräften gegliedert und in einigen Facetten darzustellen versucht habe.

Ziel dieses Handbuches ist es, Ihnen Möglichkeiten an die Hand zu geben, Ihren Umgang mit der Zeit zu beleuchten und kritisch zu hinterfragen, die Stärken und Schwächen des eigenen Verhaltens in diesem Kontext zu erkennen, persönliche Vorhaben und Aufgaben sinnvoll und zielorientiert zu planen und ihre Verwirklichung zu überprüfen, um größere Zufriedenheit und mehr Souveränität in den vielfältigen Lebensrollen zu erlangen. Ein zufriedenes und gelassenes Leben ruht auf den **vier** gleichwertigen **Säulen** von Beruf, Familie, Kontakten zu Freunden und Bekannten und den eigenen ganz persönlichen Bedürfnissen. Alle vier sind interdependent miteinander verquickt; denn schlechte Gesundheit wirkt sich belastend auf das Familienleben und die berufliche Leistungsfähigkeit aus und mangelnde freundschaftliche Kontakte bedingen z. B. diffuse Unlustgefühle und Vereinsamung, die sich in Unzufriedenheit mit der beruflichen Situation niederschlagen können und umgekehrt. Sie werden Ihre Kraft und Zeit nicht täglich für alle vier Säulen im selben Maße und Umfang einbringen können. Aber so wie ein Tisch vier gleich lange Beine benötigt, um nicht zu wackeln oder gar umzustürzen, so kommt es darauf an, die vier Säulen auf längere Sicht immer wieder ins Gleichgewicht zu balancieren, um sich ausgeglichen, entspannt und offen für Neues weiter zu entwickeln und sich die Freude am Tun zu erhalten. Unabdinglich dabei ist die Tatsache, dass **ich allein** verantwortlich bin für meine Entscheidungen und die Antworten hinsichtlich meiner Zielperspektiven und Antworten auf Fragen wie:

- **Was** will ich? und Was will ich **nicht**?
- Was möchte ich zur Zeit in meinem Leben **beibehalten**?
- Was möchte ich **ab jetzt** verbessern … erweitern … ändern?

Kommunikation und Information sind in diesem Zusammenhang Motor und Energiequelle für die Entwicklung meines Selbst- und Zeitmanagements im Einklang mit meiner sozialen Umwelt und den daraus erwachsenden Synergieeffekten.

Das hier vorgestellte verhaltenstheoretisch fundierte Programm liefert Ihnen Ansätze, eingefahrene Verhaltensweisen zu verändern, wenn Sie bewusst mit ihnen umgehen. Routinen – und seien sie als noch so störend und ärgerlich empfunden – benötigen Anstrengungen und Selbstdisziplin, um aufgebrochen zu werden. Es wird Ihnen umso leichter fallen, wenn Sie den entsprechenden **Veränderungswunsch** haben und wissen, was Sie wollen – **in Kopf und Bauch**.

Praktische Beispiele zu den unterschiedlichen problembehafteten Situationen im berufsspezifischen Alltag von Führungs- und Leitungskräften in Schulen und Tipps und Tricks zur Überwindung von möglichen Hemmschwellen sollen Ihnen praktikables Handeln ermöglichen, um durch erfolgreiches Verändern die notwendige Motivation zu erhalten, die Gelingensbedingungen für eigene und institutionelle Entwicklungsprozesse kreativ und zielgerichtet weiter zu entwickeln und bewusst wahrzunehmen. Dazu ist es unbedingt notwendig, die **Ergebnisse** Ihres Handelns zu **kontrollieren**:

1. Visualisieren Sie im Rahmen konsequenter Schriftlichkeit Ihre Projekt-, Wochen- und Tagesplanung nach dem Motto: »Was ich schwarz auf weiß besitze …«. Dies bewirkt sowohl eine klare Übersicht über die zu bewältigenden Aufgaben, baut Stress und Hektik ab und gibt Ihnen die Möglichkeit, Erfolge und Misserfolge **direkt** zu kontrollieren und die notwendigen Konsequenzen zu ziehen. Bedenken Sie, freie Zeiten für sich ganz persönlich zu reservieren.
2. Planen Sie Ihren Tag am Vorabend. Dadurch eröffnen Sie sich die Chance einer guten Ausgangsposition: Durch die Rückschau auf das, was heute war, würdigen Sie Ihre Arbeitsleistung und wissen morgens schon, dass Sie am Abend Ihr Tun überdenken werden und durch die Vorsätze und Ziele arbeiten Sie automatisch effektiver. Als bildhafter Typ können Sie sich zur Reflexion des Tagesgeschehens am »Handformel-Check« orientieren:

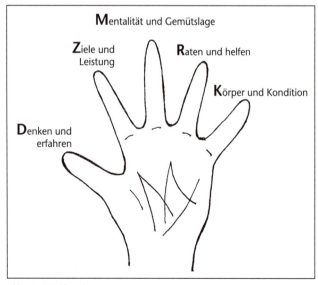

*Abb. 16: Handformel*
*(nach Helmut Dittrich, 1994)*

## Kontrolle der Ergebnisse 93

- **D**aumen = **D**enkergebnisse: Was habe ich heute dazu gelernt?
- **Z**eigefinger = **Z**ielsetzung: Wodurch bin ich heute meinen Zielen näher gekommen?
- **M**ittelfinger = **M**entalität: Wie ging es mir heute? – Wie habe ich mich gefühlt?
- **R**ingfinger = **R**atgeber: Wie habe ich heute jemandem geholfen?
- **K**leiner Finger = **K**örper: Was habe ich heute für meine körperliche und geistige Fitness getan?

3. Planen Sie in Zeitblöcken (Telefonate 30'; Elterngespräche 45'; Besprechung Schulamt 2 Std. etc.) und nicht in Minuten und berücksichtigen Sie **Pufferzeiten** für Unvorhersehbares (60-40-Regel). Planen Sie »**Stille Stunden**«, in denen Sie ungestört Ihre A-Aufgaben erledigen und im Rahmen des Covey-Quadranten II arbeiten können; und »Termine mit sich selbst«, um Ihre Tagesplanung zu erledigen und zu reflektieren. Setzen Sie aktive **Pausen und kreative Ablenkungen** bewusst ein, um sich geistig und physisch zu erfrischen und zwischen wichtigen Aufgaben neue Energie zu tanken.

4. Setzen Sie **Prioritäten** und entwirren dadurch das Knäuel der vielen Aufgaben. – **kontrollieren** Sie strikt nach Dienstschluss, welche wichtigen Arbeiten Sie nicht erledigt haben und prüfen Sie selbstkritisch: Warum nicht? Wenden Sie kreative Methoden an, um sich auf die Schliche zu kommen und innere Blockierer zu überlisten.

5. Nehmen Sie Ihre Erfolge **bewusst** wahr und **belohnen Sie sich** dafür, dass Sie gut gearbeitet haben; denn dadurch verstärken Sie Ihr Zielverhalten und sichern sich die notwendige Motivation und Leistungsfreude: »Mit dem Durchstreichen schriftlich fixierter Aufgaben wirken Sie (...) unserer Neigung entgegen, noch nicht bearbeitete Dinge stärker wahrzunehmen. Arbeiten, die bereits erledigt sind, werden viel zu schnell vergessen. Genießen Sie das Erlebnis, wenn die Arbeit weg ist!« (Ilse Plattner, 1992) Und das trägt zu einem positiven, optimistischen Lebensgefühl bei und kann bemerkenswerte Energien aktivieren.

6. Die Reflexion des Leistungs- und Arbeitsverhaltens in einer täglichen stillen Stunde einschließlich der **Analyse der Störfaktoren**, die von außen oder durch innere Prädispositionen herangetragen werden, bildet eine gute Ausgangsbasis zur Analyse unserer **Handlungsstärken** – die es weiter auszubauen gilt und unserer **Hand-**

**lungsschwächen** – die es abzubauen gilt, um persönliche Vorhaben und Aufgaben im Beruf mit größerer Zufriedenheit zu verwirklichen.
7. Halten Sie Ihren Arbeitsbereich in Ordnung und reservieren Sie Ihren Schreibtisch ausschließlich für das, woran Sie gerade arbeiten. Erfolgreiche Führungskräfte zeichnen sich nicht als »**Leertischler**« aus, weil sie sich das von Amts wegen erlauben können, sondern dadurch, dass sie sich entsprechend organisieren und Ablenkungen bewusst vermeiden können. – Verlassen Sie Ihren Schreibtisch nicht im Streit um die nicht erledigten Arbeiten, sondern bereiten Sie ihn auf morgen vor, indem Sie das, was Sie als Nächstes bearbeiten wollen, fein säuberlich zurechtlegen. Damit vermeiden Sie es, Ihren Arbeitseifer mit Zusammensuchen zu vertun.

Aktivismus und Tempowahn haben über viele Jahrzehnte die Takte in unserer von ökonomischen und technologischen Zeitzwängen dominierten Beschleunigungsgesellschaft vorgegeben. – Die Monetarisierung der Zeit hat ihr übriges dazu beigetragen, dass Katastrophen der Gegenwart und der jüngeren Vergangenheit auf das Konto des Beschleunigungsdilemmas gehen: Der Untergang der »Titanic«, die Explosion der Raumfähre »Challenger«, der »Rinderwahn« etc. Seit Sten Nadolnys legendärem Roman »Die Entdeckung der Langsamkeit« gilt die Aufmerksamkeit eher der »**Entschleunigung**« und mehr dem reflexiven Verhalten als impulsiven Entscheidungen, die mehr Schaden anrichten als uns lieb ist: »Zeitdruck und zu schnelle Entscheidungen führen fast immer zu qualitativ schlechten Resultaten, die dann wiederum einen klaren Zeitverlust nach sich ziehen. (…) Menschliche Beziehungsarbeit braucht Zeit, und das funktioniert nicht nach dem Muster der Beschleunigung.« (Christian Deysson, 1997) – Dabei wird Langsamkeit nicht einfach als Selbstzweck oder philosophische Träumerei apostrophiert, sondern das kreative und produktive Potenzial, das in der Rückkehr zu richtigen Zeitmaßen und natürlichen Zeitrhythmen gesehen wird und das durch die Gegenbewegung der Entschleunigung gewonnen werden kann. Nach dem Motto: »Smart ist nicht, wer lang arbeitet, sondern effektiv arbeitet.« geht es darum, statt mit der oft gelebten Hektik mit mehr **Dynamik** ans Werk zu gehen und den Blick für Zufälle und Unvorhergesehenes offen zu halten und sie als willkommene Chancen zu nutzen: »Oft sind wir dermaßen auf ein bestimmtes Ziel fixiert, dass wir alles andere aus den Augen verlieren.

Zufälle zu nutzen heißt, links und rechts seines Weges zu schauen.« (Stefan Klein, 2004) Wenn wir bestimmte Situationen ad hoc mit: »Jetzt habe ich ein Problem!« bewerten, dann liegt das daran, dass  unser Arbeitsgehirn die Komplexität der Sachlage entsprechend unserer Erfahrungen und unseres bisherigen Wissens nicht umgreifend erfassen kann. In solchen Fällen ist es geboten, mit der Frage: »Was ergibt sich daraus für eine Chance für mich und meine Schule?« innezuhalten und die Lage aus der Distanz zu betrachten. In diesem Gedankengang liegt des »Entschleunigungs-Pudels« Kern ... Vornehmlich Zufälle sind es, die Forschung, Wissenschaft und Lehre voran bringen. So wie Leonardo da Vinci Zufälle regelrecht gesucht hat als Inspirationen für sein Schaffen, so machen sich ganze Wirtschaftszweige Zufälle und Irritationen systematisch zu Nutze, um der Konkurrenz davon zu eilen: »Nur durch Zufall kommt Neues in die Welt. Allerdings setzt sich nicht jeder gute Einfall durch. Es braucht Glück und Raffinesse, einer Neuerung zum Erfolg zu verhelfen, und wie in jeder Konkurrenz siegt oft derjenige, der sich unvorhersehbar verhält. Zufall ist in vielen Fällen die beste Strategie.« (Stefan Klein, 2004) Leider sind wir in unserem anerzogenen Sicherheitsbedürfnis und vornehmlich linearen Denken darauf ausgerichtet, Zufällen möglichst vorzubeugen bzw. ihre Existenz überhaupt infrage zu stellen. Und in Schulen mit ihren bürokratisch organisierten Strukturen werden immer noch viele Reformansätze und Entwicklungsvorhaben nach dem verdeckten Prinzip: »Es muss viel geschehen, aber es darf nichts passieren!« organisiert und angeschoben.

In seinem Roman »Momo« beschreibt Michael Ende auf den ersten drei Seiten des vierten Kapitels eindrucksvoll, wie Beppo Straßenkehrer mit seinen Zielsetzungen umgeht:

»Siehst du, Momo«, sagte er dann zum Beispiel, »es ist so: Manchmal  hat man eine sehr lange Straße vor sich. Man denkt, die ist so schrecklich lang; das kann man niemals schaffen, denkt man.« Er blickte eine Weile schweigend vor sich hin, dann fuhr er fort: »Und dann fängt man an, sich zu eilen. Und man eilt sich immer mehr. Jedes Mal, wenn man aufblickt, sieht man, dass es gar nicht weniger wird, was noch vor einem liegt. Und man strengt sich noch mehr an, man kriegt es mit der Angst, und zum Schluss ist man ganz aus der Puste und man kann nicht mehr. Und die Straße liegt immer noch vor einem. Und so darf man es nicht machen.« Er dachte einige Zeit nach. Dann sprach er weiter: »Man darf nie an die ganze Straße auf einmal denken, verstehst du? Man muss nur an den nächsten Schritt denken, an den nächsten Atemzug, an den nächsten Besenstrich. Und immer wieder nur an den nächsten.« Wieder hielt er inne und überlegte, ehe er hinzufügte: »Dann macht es Freude; das ist wichtig, dann macht man seine Sache gut. Und so soll es sein.« (Michael Ende, 1973)

Gehen Sie einfühlsam mit sich um, wenn Sie daran gehen, die Schwächen in Ihrem Zeit- und Selbstmanagement abzubauen und Verhaltensweisen bewusst zu verändern. – **»Eine Reise von tausend Meilen beginnt mit dem ersten Schritt.«** so lautet eine chinesische Weisheit. Machen Sie sich auf Ihrer Reise die folgenden **Kontroll-Punkte** bewusst:

### 1. Zielsetzung

Ich habe einen Veränderungswunsch und weiß, was ich will.
Ich fange dort an, wo ich am ehesten Erfolg habe und mich belohnen kann: Lieber eine kleine Sache die klappt, als ein großer Hammer, der mir auf den Fuß fällt.
Ich gehe induktiv vom Einfachen zum Komplexen vor.

### 2. Planung

Ich gehe konsequent in kleinen Schritten vor: Tagesplanung, Störanalyse, Wochenplanung usw.

### 3. Übung

Ich beginne mit einer Aufwärmphase und übe jeden Schritt: Konsequente Schriftlichkeit mit Zeitplanbuch, Mindmap, Notizen, Computer u. ä.

### 4. Penetranz

Wenn der erste Schritt sitzt, beginne ich mit dem zweiten.

### 5. Selbstwahrnehmung

Ich höre auf meine innere Stimme und berücksichtige meine emotionale Befindlichkeit. Ich nutze die Fähigkeiten meines »inneren Teams«.

### 6. Kommunikation

Ich pflege soziale Beziehungen, stimme mich mit meiner Familie, meinem Partner und meinem Kollegium ab und nutze anregende Gespräche im Freundes- und Bekanntenkreis.

## 7. Kontrolle

Ich überprüfe mein Verhalten konsequent und **belohne mich** ausdrücklich für meine Erfolge: Wenn ich X geschafft habe, dann gönne ich mir ein Y.

Nutzen Sie die **Checkliste** im Anhang, um Ihren Entwicklungs-Standort regelmäßig zu überprüfen und Ihr Veränderungspotenzial zielbezogen auszurichten. – Einige Formulierungen und Kontrollaspekte werden Ihnen befremdlich vorkommen. Das hat seine Bewandtnis darin, dass Sie die Vorlage aus einer veränderten Perspektive in Vertretung Ihrer Schule als Institution bearbeiten können, um sich auch Klarheit über deren Befindlichkeit zu verschaffen.

> »Die wirkliche Herausforderung liegt nicht darin,
> die Zeit zu managen, sondern uns selbst.«

Dieses Zitat von Covey weist auf meinen Weg zum Umgang mit Zeit- und Selbstorganisationsproblemen hin, der einen **selbstbewussten Umgang** mit der Zeit verfolgt. – Selbstbewusst in diesem Kontext heißt,

- dass Sie eigene Bedürfnisse, Gefühle und Gedanken in Ihrem Umgang mit der Zeit sich zugestehen und berücksichtigen;
- dass Sie selbstsicher und mit Selbstvertrauen handeln;
- dass Sie auch bei immer wieder kehrendem Zeitstress und Zeitknappheit darüber entscheiden, zu einem gelasseneren und zufriedenere Tun und Lassen zurückkehren;
- dass Sie in Zeiten hoher objektiver Leistungsbeanspruchung Nischen erkennen und Möglichkeiten nutzen, um Freiräume für Wichtiges und Kleinkram, Beziehungen, geistige und körperliche Entspannung zu schaffen;
- dass Sie sich ein gewisses Maß an Egoismus zugestehen, um nicht in die Falle zu tappen, sich mehr für andere und deren Zeit verfügbar zu halten;
- dass Sie die Fähigkeit haben, sich Ihre ureigenen und ganz persönlichen Wünsche und Ziele zuzugestehen und deren Verwirklichung mit Ihrer Lebens- und Zeitgestaltung in Einklang zu bringen und in diesem Zusammenhang sich zugestehen können, beschlossene Ziele auch verändern zu dürfen, um den eigenen Bedürfnissen gerecht zu werden und die Fähigkeit zu Spontaneität und Flexibilität zu erhalten;

- und dass Sie die Entscheidungsfähigkeit behalten, die unabdingbar ist für eine zufriedenstellende Berufs- und Lebensgestaltung.

(Ilse Plattner, 1992)

Das ist es, was die vielbeschworene Balance ausmacht, die für Wohlbefinden und innere Ausgeglichenheit sorgt und wie es der Dalai Lama in seiner Weisheit in diesem abschließenden Zitat zum Ausdruck bringt:

> **»Die eigentlichen Geheimnisse auf dem Weg zum Glück sind Entschlossenheit, Anstrengung und Zeit.«**

*Klein, Stefan: Alles Zufall; Reinbek 2004*

# 8. Materialien zur Selbsterforschung und Unterstützung – Veränderungsinitiativen auf die Sprünge helfen

## Checklisten zum 2. Kapitel – In Zielen denken

### Drei Schritte zum Ziel

**1. Schritt zum Ziel – Was zu bedenken ist.**

»Es kommt nicht darauf an, wo Sie beginnen, sondern wo Sie anzukommen beschließen!«

Ziele sollen mich motivieren, wirksam sein, deshalb müssen sie mich überzeugen, möglichst wenig Konflikte in mir und um mich herum erzeugen. Deshalb sind für die Zielentwicklung und Formulierung folgende sieben **Kriterien** für die **gehirngesteuerte Wirksamkeit** zu beachten:

(1) **positiv**
    keine Negationen und keine Vergleiche

(2) **realisierbar**
    konkret und messbar sein, überprüfbar (Fakten …)

(3) **aktive Beteiligung**
    Das Ziel soll von mir selbst beeinflussbar sein, initiiert und aufrechterhalten werden können, auf meine Fähigkeiten aufbauend. (Kontrolle-, Korrektur- und Handlungsmöglichkeiten)

(4) **spezifischer Beweis**
    sinnliche, innerliche Wahrnehmung

(5) **realistisch**
    auf einen bestimmten Kontext hin zugeschnitten, indem der Zielzustand auch wirklich angebracht ist. (Utopie)

(6) **angemessene Größe**
    auf seine Größe überprüft werden: Ist es ein großes, globales Ziel oder ist es von handlicher Größe? Wenn nötig, sollte ich kleinere oder Teilziele daraus machen.

(7) **Überprüfung der Ökologie**
    mein neues Ziel mit bisherigen, anderen abstimmen. Auswirkungen auf andere Menschen/Bereiche sollen überprüft werden.

## 2. Schritt zum Ziel – Wie zu schreiben oder zu malen ist.
»Als ob Rahmen«

Für die gesamte Übung tue so, als ob du es schon erreicht hättest (Aussagesatz als Zielfoto mit Worten):

### (1) Visuelle Wahrnehmung
Was siehst du?
Wie siehst du aus?
Achte auf: Helligkeit, Dunkelheit, Farben

### (2) Auditive Wahrnehmung
Was hörst du?
Wie hört sich deine Stimme an?
Achte auf: Lautstärke, Rhythmus, Pause/Stille?

### (3) Kinästhetische Wahrnehmung
Wie fühlst du dich?
Achte auf: Bewegung, Temperatur: kalt/warm?
Wo im Körper?

### (4) Ein Symbol
Finde für alles, was du wahrgenommen hast, und für deinen Satz ein gemeinsames Symbol. Zeichne es auf die Rückseite.

### (5) Integration
Sprich deinen Satz aus (laut, leise, dann innerlich) und erinnere dich gleichzeitig an dein Symbol.
Achte auf deine Körperhaltung!
Wiederhole es einige Male!

## 3. Schritt zum Ziel – Wie erreiche ich mein Ziel?
(1) **Was** will ich **erreichen**?

(2) **Ich** stelle einen darauf abgestimmten **Plan** auf:
**Wann? – Bis wann?**

**Wo?**

**Mit wem? – Wer unterstützt mich? – Wer ist beteiligt?**

(3) **Ich** stelle mir vor, **wie ich sein werde**, wenn ich mein Ziel erreicht habe:

- **Was werde ich innerlich wahrnehmen?**
  Was werde ich sehen? – Hören? – Empfinden?
- **Woran werden andere wahrnehmen, dass ich mein Ziel erreicht habe?**
  Wie werde ich aussehen? – Mich anhören? – Mich bewegen?

(4) Welche **Fähigkeiten** brauche ich, um dieses **Ziel zu erreichen?**

(5) In **welchen Lebensbereichen** verfüge ich **bereits** über diese **Fähigkeiten?**
Ich beschreibe diese Situationen: z.B.: Ich spreche schon gut Englisch und … dabei fühle ich mich … Ich kann besonders gut …

(6) Wie wird sich mein **Leben verändern**, wenn ich mein **Ziel erreicht** habe?
Muss ich etwas aufgeben? – Will ich es dann überhaupt noch?

(7) Was werde ich **tun, wenn** es beim ersten Mal **nicht gelingt?**
Wenn es beim zweiten Mal nicht gelingt?

## Formular zum 3. Kapitel: Monatsplanung

| Monatsplanung für: | | | | | | | | |
|---|---|---|---|---|---|---|---|---|
| Datum | Priorität | | | Aktivität/ Aufgabe | Zeit- bedarf | Erledigt durch | Beginn | Fertig bis | OK ✓ |
| | A | B | C | | | | | | |
| | | | | | | | | | |
| | | | | | | | | | |
| | | | | | | | | | |
| | | | | | | | | | |
| | | | | | | | | | |
| | | | | | | | | | |
| | | | | | | | | | |
| | | | | | | | | | |

## Checkliste zum 4. Kapitel – Entscheidungen treffen

### Aufgaben delegieren – Was zu beachten ist:

**1. Nehmen Sie sich Zeit**
… die Person auszuwählen, die die nötigen Kompetenzen und Neigungen mitbringt.
… die Aufgabenstellung genau zu beschreiben und einzugrenzen.

**2. Bedenken Sie …**
… Aufgaben delegiert zu bekommen, bedeutet für den Empfänger, eine Chance, seine Fähigkeiten unter Beweis stellen zu können. Das fördert die Motivation und sorgt für Commitment.

**3. Machen Sie exakte Angaben über …**
… die Wichtigkeit und den Wert der Aufgabe für Sie und Ihre Schule,
… die Ziele,
… die Aufgabe selbst,
… die Ergebnisse, die Sie erwarten,
… den Termin und die Zwischentermine bis zu dem Sie die Erledigung erwarten,
… mögliche Richtlinien, die dabei zu beachten sind und auch
… mögliche Schwierigkeiten.

4. Schreiben Sie eine **präzise Aufgabenstellung** als Arbeitsauftrag.

5. **Delegieren** Sie mit der Aufgabe auch die nötige Verantwortung.

6. Versuchen Sie das **Engagement Ihrer Mitarbeiter** zu gewinnen, gestehen Sie ihnen aber auch zu »Nein« zu sagen. – Fragen Sie nach den Gründen und nehmen Sie sie ernst.

7. **Unterstützen Sie den Mitarbeiter bzw. die Mitarbeiterin** und bieten Sie **Hilfen** an – aber drängen Sie sich nicht auf!

8. **Seien Sie geduldig** – Ihre Leute werden ihr Bestes geben.

9. Geben Sie **Lob** und **Kritik** zu den Ergebnissen. Nehmen Sie sich Zeit zur Vorbereitung und Übermittlung Ihres Feedbacks.

## Schaubild zum 5. Kapitel –
## Realisierung der anstehenden Aufgaben

**Mein persönlichen Störfaktoren**

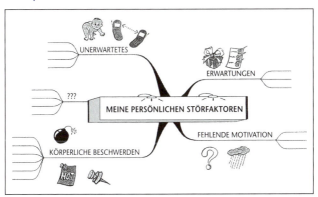

## Formular zum 5. Kapitel –
## Anruferliste/Formularstruktur

| Anruferliste/Formular | | | | |
|---|---|---|---|---|
| Datum/Zeit | Anrufer | Tel.-Nr. | Thema | Was tun? |
|  |  |  |  |  |
|  |  |  |  |  |
|  |  |  |  |  |
|  |  |  |  |  |
|  |  |  |  |  |
|  |  |  |  |  |
|  |  |  |  |  |
|  |  |  |  |  |
|  |  |  |  |  |
|  |  |  |  |  |
|  |  |  |  |  |

## Vorlage zum 5. Kapitel – Ihre persönliche Leistungskurve

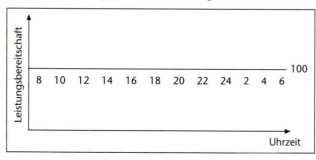

## Checkliste zum 7. Kapitel – Kontrolle meiner Ergebnisse
### Zur regelmäßigen Reflexion und aktiven Selbstkontrolle:

| | |
|---|---|
| Ich bin mir über meine persönlichen Ziele im Klaren. | ☐ |
| Ich arbeite regelmäßig an meinen Zielen und kontrolliere, ob ich noch auf dem richtigen Weg bin. | ☐ |
| Ich plane meine Aufgaben und Projekte realistisch mit Hilfe eines Tages-, Wochen- und Monatsplans. | ☐ |
| Ich analysiere mich und meine Situation regelmäßig auf mögliche Schwächen und entwickle konkrete Maßnahmen, um diese abzubauen. | ☐ |
| Ich sorge gut für mich und meinen Körper. | ☐ |
| Ich gönne mir regelmäßig Pausen. Ab und zu unternehme ich etwas Schönes. | ☐ |
| Ich pflege meine privaten Beziehungen und beruflichen Kontakte. Ich achte auf eine gute Kommunikation. | ☐ |
| Ich interessiere mich für andere Menschen. Ich bin bereit, mich auf sie einzulassen. | ☐ |
| Ich arbeite an meiner Kommunikationsfähigkeit und trainiere mich darin, Konflikte konstruktiv zu lösen. | ☐ |
| Ich lerne mich selbst immer besser kennen und beachte meine Gefühle. | ☐ |

# Materialien zur Selbsterforschung und Unterstützung

| | |
|---|---|
| Ich habe herausgefunden, wie ich mich selbst am besten motivieren kann, und nutze das bewusst und konsequent. Selbstbelohnung nehme ich ernst. | ☐ |
| Ich weiß, welche Informationen ich brauche, um »up to date« zu bleiben, und rufe diese regelmäßig ab. | ☐ |
| Ich benutze ein für mich funktionierendes Wissensmanagement – System, in dem ich wichtige Daten, Texte und Informationsquellen schnell abrufbar archiviere. | ☐ |
| Ich bin mir über die Ziele meines Selbstmarketings im Klaren. | ☐ |
| Ich arbeite konsequent an meiner Ausstrahlung und an meinem Auftreten. | ☐ |
| Ich präsentiere mich und meine Leistungen optimal. | ☐ |
| Ich hole mir regelmäßiges Feedback von außen. | ☐ |

# Literatur

**Bischof, Anita/Bischof, Klaus:** Selbstmanagement effektiv und effizient; Planegg 2001

**Covey, Stephen:** Die sieben Wege zur Effektivität; Frankfurt/New York 1997

**Deysson, Christian:** Mut zur Langsamkeit; in: Wirtschaftswoche 17/1997

**Dittrich, Helmut:** Zeit besser nutzen; Planegg 1994

**Dörner, Dietrich:** Von der Logik des Misslingens; Reinbek 1995

**Ende, Michael:** Momo; Stuttgart 1973

**Fischer, Walter A./Schratz, Michael:** Schule leiten und gestalten; Innsbruck 1993

**Gassmann, Angelika:** Auf den Punkt kommen; in: Bundesministerium für Familie, Senioren, Frauen und Jugend (Hrsg.): ProFil – Frauen in Leitung; Berlin 2000

**Gontscharow, Iwan:** Oblomow; Zürich 1960

**Heidenreich, Elke:** Jetzt leben. – Trotz aller Zwänge. Schafft man das?; Essay in der Zeitschrift »Brigitte« 24/2002

**Hütter, Heinz:** Zeitmanagement; Berlin 2002

**Klein, Stefan:** Alles Zufall. – Die Kraft die unser Leben bestimmt; Reinbek 2004

**Koenig, Detlef** (Hrsg.): simplify your work; Monatsschrift des: Verlag für die Deutsche Wirtschaft; Bonn

**Leider, Richard:** Zum Thema »Lebensziele«, in: www.fastcompany.com/online/13/Idoplus.html

**Meyer, Marcel:** Wo ich bin ist oben. – Die Kunst, mit sich selbst umzugehen; Zürich 1999

**Nadolny, Sten:** Die Entdeckung der Langsamkeit; München 1983

**Plattner, Ilse:** Zeitberatung; München/Landsberg 1992

**Roth, Susanne:** Einfach aufgeräumt!; Bonn 2004

**Schaefer, Klaus:** So schaffen Sie den Schulalltag; Münster 1984

**Seiwert, Lothar/Müller, Horst/Labaek-Noeller, Anette:** Zeitmanagement für Chaoten; Offenbach 2002

**Seiwert, Lothar:** Das neue 1 × 1 des Zeitmanagement; München 2004

**Sprenger, Reinhard:** Das Prinzip Selbstverantwortung; Frankfurt/New York 1996

**Sprenger, Reinhard:** 30 Minuten für mehr Motivation; Offenbach 1999

**Storch, Maja:** Das Geheimnis kluger Entscheidungen; Zürich 2003

**Verb, Sebastian:** Tagungsdramaturgie; in: Deutsche Lehrerzeitung 27/1994